# REVOLUÇÕES NÃO DITAS, REVOLUÇÕES MAL-DITAS

Reginaldo Alves de Araújo.

Edições Semear
2023

Dados Internacionais de Catalogação na Publicação (CIP)
(Câmara Brasileira do Livro, SP, Brasil)

Araújo, Reginaldo Alves de
    Revoluções não ditas, revoluções mal-ditas /
Reginaldo Alves de Araújo. -- Sobral, CE : Ed. do
Autor, 2024.

    ISBN 978-65-01-04551-1

    1. Brasil - Colonização 2. Decolonialidade
3. Modernidade 4. Revolução social I. Título.

24-210037                                    CDD-981

Índices para catálogo sistemático:

1. Brasil : História    981

Eliane de Freitas Leite - Bibliotecária - CRB 8/8415

# Sumário

# A tripla marginalização: apresentação.

A primeira coisa a ser esclarecida ao leitor é a natureza e condições de escrita deste texto. Este é um trabalho triplamente marginalizado, pois está submetido simultaneamente a uma marginalização institucional (o próprio pesquisador fala de fora das instituições de pesquisa oficiais – as Universidades); marginalização financeira, por não contar com nenhuma forma de fomento ou patrocínio, justamente por não poder concorrer a editais acadêmicos em decorrência de estar de fora do ambiente das universidades; e marginalização regional, por nosso lugar de fala ser tanto a periferia do grande capital, como a periferia política do país. Uma vez que o estado do Ceará, de onde falamos, está entre as regiões mais pobres do Brasil.

Em segundo lugar, este trabalho procura se afirmar como um ensaio. Além disto, a leitura do real, apesar de abordada de forma essencialmente panorâmica, no sentido de não se buscar analisar casos específicos, mas antes questões mais difundidas na sociedade e na imprensa de uma forma ampla, bem como, em muitas vezes, apoiar-se no trabalho prévio de pesquisa e interpretações de colegas pesquisadores, busca trazer exatamente o que é a natureza dos conceitos: leituras amplas que possibilitam o entendimento de uma variedade grande de fenômenos sociais.

Logo, este texto pode ser definido como um esforço de trazer questões em voga nas pesquisas mais recentes sobre temas clássicos da historiografia, assim como propor em alguns momentos uma outra forma de olhar conceitos clássicos das Ciências Humanas sobre o mundo, como por exemplo, ao abordar o longo processo de financeirização das sociedades como um fenômeno global e pensar a Revolução Industrial como um aprofundamento da formação de uma economia mundo.

A terceira coisa é que este ensaio se propõe, como diria Nietzche, "um pensar com um martelo", no sentido que procura "golpear" as estruturas mentais estabelecidas pela historiografia eurocentrada para testar suas consistências. O que o torna, por si, um texto marginal também conceitualmente falando, como já previamente anunciado acima, em termos de se distanciar da predominância conceitual em curso, pois apesar das recentes penetrações de um esforço de ataque aos estudos eurocêntricos nas academias, as Ciências Humanas são, por excelência, exatamente eurocentradas em um nível epistemológico.

Portanto, o que se propõe aqui, reconhecendo as limitações da própria base teórica da História, não é nada mais do que somar nosso esforço a um processo em curso que procura inverter o olhar analítico, deslocando o problema proposto por uma leitura eurocentrada do mundo, para uma leitura a partir do nosso lugar de observação da história global. Neste sentido, nossa proposta mantém certos diálogos com os movimentos pós-coloniais e decolonial, mas sem se confundir com estes. Tanto essa "confissão" como o alerta das aproximações e distanciamentos aos historiadores da decolonialidade e pós-colonialidade, deve-se justamente por as vezes que analisamos questões clássicas da história europeia, tais como o Renascimento, Revoluções Burguesas e a Expansão marítima e, em outros momentos, as Guerras Mundiais (ARAÚJO 2023). Ora, se esta é uma proposta "decolonial", como se aborda um tema eminentemente europeu?

É, portanto, justamente por não nos preocuparmos em fazermos os recortes deconloniais que não reivindicamos tal filiação, mas tão somente reconhecemos um diálogo com o citado movimento. Em segundo lugar, escrever sobre a Europa, sendo contra o eurocentrismo, é um esforço para entender que a Europa não era propriamente a região que levava o mundo às transformações, mas tão somente uma região no mundo, que tanto influenciava outras regiões, como era influenciada. Em outras palavras, é romper com o discurso que entende a Europa como a locomotiva do mundo, para a entender como uma região tanto sujeita à influência externa, tanto quanto promotora de influência. Ou seja, é uma reflexão sobre o mundo global que se formava entre o final do século XV até a primeira metade do século XX.

Afinal de contas, a prensa com tipos móveis de Gutemberg teria sido mais importante do que a invenção chinesa do papel de celulose? A caravela portuguesa, fortemente inspirada nas embarcações árabes, seria mais importante para a formação do mundo moderno do que a bússola ou a pólvora chinesa? A máquina a vapor teria sido mais influente do que as engenhocas dos engenhos de açúcar desenvolvidas pelos árabes, ou mesmo do processo de cristalização do próprio açúcar de cana da Índia, também tecnologia árabe? Qual seria o resultado de um esforço de uma expansão marítima sem a pólvora chinesa? Como seria a produção e difusão do conhecimento na modernidade sem o papel de celulose? Como estaria a capacidade mundial de alimentar os atualmente aproximados 8,4 bilhões de pessoas sem as tecnologias alimentares dos cereais, hortaliças, frutas, verduras, batatas e raízes domesticadas e selecionadas na Ásia, Américas e África?

Neste sentido, enquanto para a historiografia eurocentrada entende-se as grandes revoluções europeias, tais como a Revolução Industrial e a Revolução Francesa como eventos que inauguram a *segunda modernidade*[1] ao romperem com os valores dinásticos, dessacralizando assim o mundo e impondo o modo Europeu de governo, de racionalidade e de economia, aqui propomos um

---

[1] Definimos aqui de Segunda Modernidade o recorte temporal de 1776 até as Guerras mundiais, tomando como marco a Independência dos EUA e as citadas guerras. Foi ventilado também definir este período como "Modernidade tardia" ou falar-se em uma "modernidade alongada", todavia preferimos a "Segunda Modernidade" por diluir a ideia de que as revoluções europeias inauguravam um novo momento histórico no século XVIII.

entendimento amplo de revolução global não provocada necessariamente por um levante ou modernização de um governo ou região em específico, mas antes uma junção de eventos amplos, interligados e sem fronteiras estabelecidas. Até porque, em grande parte das Américas não existiam divisões dinásticas e, portanto, o impacto da notícia deste mundo sem as clássicas divisões do mundo Euro-Afro-Asiático precisa ser analisado. Na verdade a ideia de pensar uma grande Revolução Global, cujas revoluções europeias seriam apenas apêndices, já foi concebido, dentre outros, pelo alemão Jacques Godechot em seu Les Revolutions de 1963 (1976). Goudechot entende a revolução como uma mudança na estrutura econômica da sociedade, provocada pelo crescimento da pequena propriedade, do individualismo e das grandes transformações econômicas no Ocidente. De nossa parte preferimos pensarmos no processo de formação do sistema mundo moderno como causador desta "era" revolucionária.

Eventos que ainda que tenham sido provocados pela expansão europeia, estariam bem além da "dupla revolução" definida por Hobsbawm. Logo, se é impossível não reconhecer o impacto das revoluções burguesas europeias, é crucial também entender a influência dos descobrimentos e das civilizações do novo mundo sobre a organização política europeia, tanto no sentido de descoberta de uma nova humanidade organizada de forma até então desconhecida na Europa, e que portanto forçava a uma desnaturalização das hierarquias do Velho Mundo, bem como da própria diluição destas hierarquias entre aquelas populações que vinham para a América, niveladas pela ausência de tradições dinásticas do solo americano.

Nesta perspectiva que propomos, a colonização da América ocuparia um lugar central, ao mesmo tempo que deixaria de existir um centro de emanação e inspirador de valores, para pensar a formação de uma cultura de mercado ampla, sem necessariamente está vinculada a indivíduos, mas antes a relações interpessoais, pela criação de esferas públicas e pela mudança das mentalidades. Sendo assim, a expansão marítima seria tão importante quanto a produção das tecnologias náuticas árabes que a possibilitaram. Assim como o plantation só pode ser pensado a partir da invenção da tecnologia indiana de cristalização do açúcar da cana e da invenção árabe/italiano do engenho, desencadeando um longo processo de transformação econômica que desemboca na chamada Revolução Industrial, mas não inglesa, e sim mundial.

No entanto, ao invés de entendermos a "Revolução" Industrial como uma ruptura nas relações de trabalho, como o é classicamente abordada pelos historiadores europeus e os brasileiros neles referendados, preferimos a entender como uma adaptação da metodologia de produção da grande lavoura à produção manufaturada. Logo, entre outras coisas, mesmo que não tenha um capítulo especificamente para aprofundar estas questões, este texto chama a atenção do leitor também para o papel das tecnologias árabes, indianas, ameríndias e africanas na formação das novas formas de trabalho e no desenho do mundo moderno.

O conceito de que as revoluções burguesas moldaram o mundo à padrões europeus, é tão somente fruto de um dos mitos mais sólidos difundidos pela historiografia eurocentrada. Ora, como de fato a Europa se impôs economicamente a regiões como a América, que mesmo após a independência de países como o Brasil, restou por parte das elites do país, a associação dos valores europeus à valores civilizacionais, o que reverberava no desejo desta elite de se europeizar, a tal ponto que a História, como era produzida enquanto campo do saber pelos intelectuais da Europa, tornaram-se a pedra angular de como a intelectualidade de países como o Brasil passaram a se enxergarem, partindo da premissa de que os europeus eram as civilizações desbravadoras levando a civilidade para o restante do mundo, e que quanto mais próximo estivesse do modelo europeu, mais perto se estaria da civilização, do progresso e do ápice desenvolvimentista.

Nesta perspectiva, a dupla revolução burguesa (Revolução Francesa e Revolução Industrial) seria encarada bem mais como eventos eminentemente locais, inseridas em uma formação incomparavelmente maior: a criação do sistema mundo moderno. Claro, como o leitor atento já deve ter percebido, dois autores europeus são sem dúvida centrais para esta formulação. Fernand

Braudel e seu conceito de múltipla temporalidades, bem como a ideia de esfera pública moderna de Jügen Habermas[2]; além da formulação não menos importante do estadunidense Immanuel Wallerstein sobre a formação de um sistema mundo.

Pelo exposto pode surgir o entendimento mais familiarizado com estes debates de que nossa proposta se constituiria em essência como uma contradição. Afinal de contas, como uma formulação que se diz dialogar com o pensamento decolonial é sustentada em um grupo de autores do hemisfério Norte, como os citados acima? Bom, estes na verdade não são os únicos. Também nos embasamos em Eric Hobsbawm, E. P. Thompson, Foucault, Certeau, Jacque Le Goff e muitos outros.

O fato é que este não é um manifesto político no qual se exclua ou inclua autores por sua região de trabalho ou de nascimento, ou muito menos nos recusaremos a dialogar com

---

[2] Não desconhecemos ou desconsideramos os posicionamentos "eurocêntricos" de Jügen Habermas ao desconsiderar a existência dos demais povos do mundo nas suas definições sobre a Modernidade europeia, quase entendendo a Europa como uma terra autossuficiente. Evidentemente, uma consideração mais eurocentrada do que esta seria difícil. Todavia, precisamos mandar as favas o egocentrismo europeu e nos apropriarmos dos conceitos que considerarmos operacionais, afinal de contas um texto que se propõe compreender o mundo como ele é, não pode excluir uma formulação que se considere adequada de um autor por este ter outros posicionamentos idiotas e racistas. Façamos nós as "cirurgias" conceituais necessárias nos autores europeus, para extirpar a parte podre daquilo que tem serventia, como manda a boa tradição antropofágica.

autores por seus entendimentos do mundo distinto dos nossos. Afinal de contas, alguns dos nossos colegas europeus e da América do Norte, assim como o lobby das grandes editoras, já fazem isso muito bem, não carecem de nossa ajuda para consolidar suas "cortinas de ferro" ideológicas e preconceituosas. Nossa postura será sempre o de decompor todos os autores lidos e analisar criteriosamente que "peças" podem ser reaproveitadas em outras construções textuais, bem à moda antropofágica.

Portanto, este ensaio se propõe antes um esforço de releitura que procura entender como o mundo se tornou o que é, sem procurar fazer recortes ideológicos de textos ou autores. Logo, o leitor não encontrará nada parecido com uma proposta sulcentrada referendado exclusivamente em autores do chamado Sul Global. Em outras palavras, apesar de reconhecer e apoiar a necessidade de tais ações no campo da política, este não é um esforço de embate político, mas de entendimento do mundo, ressignificando conceitos que, a nosso ver, faziam recortes da história a partir do contexto Europeu e, consequentemente, produziam uma zona de sombra sobre outras partes do mundo por puro preconceito do citado discurso eurocentrado.

Discurso este que tende a colocar a Europa como protagonista da história moderna. Aqui simplesmente ignoramos qualquer perspectiva de pensar a história e as Ciências Humanas a partir da existência de um suposto farol civilizador do mundo, para pensarmos os mecanismos de interações internacionais que, evidentemente, incluem mecanismos de dominação e subordinação, mas também de negociação e resistências, além de conflitos de interesses individuais e de grupo que resulta não no planejado ou desejado, mas no possível.

Neste sentido, evidentemente, há sobre minha formulação tanto a influência de autores africanos, como o camaronês Achille Mbembe, como de Latino-americanos como o peruano Aníbal Quijano e do martinicano Frantz Fanon, além de brasileiros como José Murilo de Carvalho, Ilmar Mattos, Luiz Felipe de Alencastro, Maria Odila Leite da Silva Dias, dentre muitos outros. Mas não há de minha parte uma reivindicação de filiação a nenhum deles. Isso faz com que o leitor não encontre em nosso texto esforço algum para ser "foucaultiano", "thompsiniano" ou braudeliano, como também não encontrará um esforço de adesão a um pensamento "fenoniano" ou "quijaniano" (ou decolonial, se preferirem). Encontrará, sim, uma produção a partir de um lugar social, que pode ser classificado como uma produção de um historiador de fora dos centros acadêmicos e que escreve a partir de uma *tripla periferia*[3]. Evidentemente, tal condição empurra ainda mais este texto para a margem do grande magma de produções acadêmicas,

---

[3] Periferia político-geográfica; periferia econômica e periferia institucional.

desabonado como está de capital simbólico no campo que se propõe atuar, mas, não tem jeito, tem que ser assim.

É preciso escrever e, pelo menos por enquanto, não há espaço para este tipo de produção nem de autor em nossas instituições. Justamente por isto, a condição de uma escrita marginal percorre todos os contornos deste texto, tanto no sentido de não contar com chancelas institucionais e, consequentemente, de sua exclusão de espaços fundamentais para o debate e a construção do contraditório; bem como dos preconceitos que esta condição provoca.

Tal condição citada acima já produz uma aceitação prévia por parte do autor em não conseguir influenciar no conhecimento institucionalizado. Fatores que explicam, inclusive, a escolha deste espaço de publicação. Todavia, se esta condição me der, como é provável, a completa ignorância de meus "pares" acadêmicos em decorrência de meu exílio institucional, também me dar uma liberdade maior para "inocular" minhas "larvas" no "abdômen da tarântula". Algo que só a um pesquisador/escritor triplamente marginalizado, é permitido. Para tanto, tal como um poeta das periferias urbanas que recorre aos ritmos populares marginalizados pelos ciclos de autoproteção da elite letrada, para denunciar as condições de reprodução tanto de sua marginalidade, como a da sua comunidade e os consequentes fatores de exclusão social que o assolam, o escritor e/ou pesquisador marginal tem a caneta e os canais de divulgação "populares" voltados justamente para textos de fora do campo cultural estabelecidos.

Assim, este texto existe neste espaço fronteiriço entre campos, voltado para uma compreensão crítica do mundo globalizado, mas excluído por nascimento dos espaços de debate e reflexão monopolizados por uma intelectualidade estabelecida. O que o torna, provavelmente, um ensaio para mim mesmo, mas também uma esperança de ruptura com lobby editorial e acadêmico, bem como um texto manifesto e, como tal, um esforço para desnuviar o que do alto não pode ser espiado, ou melhor, o que do lugar institucionalizado não pode ser visto, justamente por não está no escopo dos pares.

Nestas condições, esta pesquisa é, para além de uma "historiografia" periférica, uma produção belicosa, no sentido que busca enfrentar o corporativismo institucionalizado.

Evidentemente que isso não quer dizer que propúnhamos um revisionismo irresponsável, como aqueles que veem relatividade em tudo ou a impossibilidade de se aproximar de um discurso pelo menos verossímil. O que defendemos é tão somente uma inversão de onde se olha, uma espécie de história vista de baixo em uma escala global, o que poderia ser melhor definida como uma "história-mundo vista pela periferia".

No primeiro capítulo, "Estudos pós-coloniais e decoloniais" foi um destes textos escritos como um estudo de uma temática.

Como tal, é um texto sem citações e escrito e reescrito por diversas vezes, até que conseguisse um meio de sintetizar as diferentes leituras que o possibilitaram. O segundo texto, "A financeirização da vida", resultou de reflexões experimentais a partir de leituras tanto sobre a Revolução Industrial; como da chamada Pré-História e antiguidades, bem como dos estudos pós-coloniais e decoloniais.

O terceiro capítulo, "Renascimento, Humanismo e Reforma" também foi um destes textos produzidos como material de estudo, mas com um pouco mais de citações diretas sobre os autores e obras estudados. O mesmo caso do quarto texto, intitulado "Do eurocentrismo à crítica ao mito da modernidade", assim como o texto subsequente, "Fundamentos econômicos e políticos da colonização portuguesa", todos textos resultantes do processo de estudo de conteúdos, e as comparações entre a visão dos autores analisados e minhas pesquisas tanto documentais, como de autores diversos. Fechando o livro, publicamos um artigo a partir de uma reflexão sobre a historiografia praticada no Ceará sobre movimentos políticos do século XIX, tais como a Revolução Pernambucana e a Confederação do Equador, analisando de forma crítica a então tese de estes movimentos serem reflexos de uma "influência" dos ideais revolucionários da Revolução Francesa e do Iluminismo.

Em última análise, como esta é uma obra marginal ao campo acadêmico, prefiro o pensar como um texto para ajudar professores de Ciências Humanas da educação básica e para leitores no geral, a pensarem os temas clássicos que estes desenvolvem em suas aulas ou compreensão da sociedade, fornecendo a estes profissionais sínteses de algumas questões discutidas recentemente nas ciências humanas, bem como questionando algumas definições acadêmicas, convidando estes professores não a se verem como meros divulgadores do conhecimento produzido nas universidades, mas agentes produtores de pesquisa e reflexão de boa qualidade.

Pesquisadores, no sentido mais profundo que se pode dar a este termo. Agentes geradores de conhecimento de forma protagonista. Para tanto, dialogando com as interpretações difundidas, mas também as questionando. Lendo, analisando e refletindo com um martelo. Testando sempre a consistência dos ídolos. Em última análise, esta é uma proposta de história pública, em todos os sentidos e força que este termo pode ter.

# 1. Revoluções

Mas afinal, o que são as revoluções? A palavra "revolução" deriva da expressão latina *revolutionem*, que por sua vez é uma variante de *revolvere*, no sentido de revolver, voltar para trás ou ao início. Nos primeiros momentos, associado a movimentos cíclicos, como por exemplo os movimentos astronômicos dos corpos celestes (WILLIAMS, 2007, p. 356-361). Revolução, no sentido de ruptura política e construção de um novo e sem precedentes só surgirá no decorrer da Revolução Francesa.

No mundo luso-brasileiro do século XVIII e XIX o termo tinha vários sentidos, frequentemente sendo empregado como sinônimo de "revolta" ou "rebelião". Segundo Fanni e Pimenta (2022, p. 830-833), o termo será evitado pelas autoridades portuguesas por influência de revoluções como a Francesa e a dos EUA, mas em determinados momentos adquire o sentido amplo de revolta, associado à movimentos como a Inconfidência Mineira e Baiana, ou sendo usado tanto no sentido positivo pelos simpáticos dos ideais ilustrados, ou de forma negativa, associado à ideia de guerra civil e anarquia ou desgoverno. De tal forma que no Brasil, aparentemente, "revolução" só vai adquirir um sentido mais próximo do que se entende hoje em nossa fase republicana, ou melhor, com o crescimento do republicanismo.

De uma forma mais geral, na tradição marxista, o termo foi associado à tomada de poder pelas massas naquilo que Marx definiu como ditadura do proletariado, onde supostamente as contradições do capitalismo levariam os trabalhadores a rebelarem-se contra a burguesia, organizarem-se e tomarem o poder. Neste sentido, a tradição marxista acabou construindo um sentido de revolução como uma ação organizada contra o *status quo* para institucionalizar um governo popular. Termo associado às rupturas do século XVIII com as chamadas revoluções burguesas, que teria destruído o mundo feudal e institucionalizado o liberalismo político na Europa e EUA.

Esta tradição esquerdista do termo, no entanto, vai tender a vê-lo como estando intimamente ligado à ampliação de direitos. Logo, grandes rupturas reacionárias não seriam revoluções? Na nossa ótica, sim, as revoluções podem ser reacionárias, desde que instale uma nova condição sociopolítica, como o foi, por exemplo, na Revolução dos Aiatolás, no Irã. Todavia, por natureza, uma revolução nunca seria "conservadora" por essência, uma vez que o conservadorismo pressupõe a defesa de permanências, enquanto conceitualmente uma revolução pressupõe ruptura com o estabelecido, que pode muito bem se dar pela implementação ou revigoramento de um sistema tradicional em desuso ou em decadência.

No Brasil, com o crescimento da influência de uma historiografia europeia ou eurocentrada, ou mesmo de um discurso civilizacional eurocentrado desde a consolidação de um saber mais letrado na América portuguesa, cresceram também os exemplos das revoluções europeias como temas recorrentes em periódicos como o "Correio Braziliense" (1808-1822) e a "Gazeta do Rio de Janeiro" (1809-1822), "Conciliador do Maranhão" (1821-1823), difundindo-se vertiginosamente no pós-Independência.

De nossa parte, neste trabalho, entendemos revolução como uma ruptura com o passado, e que tenha um caráter duradouro e reordenador do mundo humano, seja em seu todo, ou em alguma de suas partes. Assim, as navegações do século XVI foi uma revolução mundial, na verdade, a maior revolução humana desde as Revoluções Neolíticas e as invenções dos sistemas de escritas e quantificações. E tal qual as demais, as navegações, mesmo sendo executadas por um reino em específico, não foram resultadas de um único povo ou país, mas a soma de um leque de condições especiais.

Em primeiro lugar, só é possível entendermos o sucesso da Expansão Marítima a partir de um mundo criado pelos árabes, que intensificaram uma integração já muito antiga das regiões mediterrânicas, as estendendo até a extrema Ásia, criando um mundo "afroeurasiático".

Foi através destas rotas comerciais árabes, ou mesmo antes, com a chamada rota da seda, que tecnologias chinesas fundamentais chegaram até a Europa entre os séculos VIII e XV, primeiramente nas regiões dominadas pelos povos islamizados, que correspondia a todo o Sul da Europa, Norte da África e o atual "Oriente Médio", onde os árabes introduziram o açúcar, a pimenta, o sistema numérico, o papel de celulose, a pólvora, a bússola, o quadrante bem como a vela náutica móvel e o astrolábio, assim como os conceitos aristotélicos de circunferência da Terra e muito do que a chamada renascença posteriormente conheceu sobre a filosofia grega.

O ainda persistente silenciamento sepulcral no "Ocidente" sobre a importância primordial dos árabes na criação das bases do que seria a formação de um sistema mundo a partir do século XVI, já denuncia o quão eurocentrada é nossa história. Mas não foram os europeus os responsáveis pela destruição dos impérios árabes, mas antes outro império islâmico: os turcos otomanos.

De qualquer forma, provavelmente não seria possível uma Expansão Marítima portuguesa sem a região da Península Ibérica ter passado séculos sob o domínio árabe, tendo acesso às supracitadas tecnologias asiáticas e ensinamentos náuticos e astronômicos. E o mais importante, o que motivou a Expansão

Marítima foi um esforço lusitano para reestabelecer a rota comercial criado pela expansão árabe a partir do século VII, que no século XV passaram a ser dificultadas pelo avanço do Império Otomano para o leste da Europa, sobretaxando as caravanas que interligavam os três continentes, o que encarecia as especiarias e demais artigos asiáticos que chegavam a Europa. Portugal então percebeu que poderia chegar ao ouro saariano, bem como às especiarias asiáticas, sem precisar das custosas rotas terrestres. Mas não é verdade que os Otomanos tenham impedido estas rotas comerciais, pelo contrário, estes queriam explorá-las.

Sendo assim, se é verdade que a Expansão Marítima foi uma das maiores revoluções da humanidade, também é verdade que esta não foi resultado exclusivo das ações de um único povo, mas de uma cultura mundial que se formava, sendo antes executada primordialmente por um reino: Portugal.

Um processo que se aprofundou enormemente com a chegada europeia às Américas, formando assim o atual Sistema Mundo Moderno.

Mas, de novo, só é possível conceber o significado e o porquê do início deste acontecimento, se o entendermos como resultante deste mundo intercontinental que se formava.

Então, se é a Expansão Marítima a principal revolução do mundo moderno, como ficam as Revolução Francesa e Industrial? Estas revoluções deveriam explicar muito mais as histórias de seus respectivos países do que uma suposta cultura política mundial ou ocidental, sendo assim, tais revoluções ficam respectivamente nas explicações do que aconteceram na França e na Inglaterra. Ou pelo menos, nos arranjos destes países e da Europa central na cultura mundo que se formava, que, evidentemente influenciaram outras regiões, mas só existem e são inteligíveis, se analisadas como resultantes desta cultura.

Em nossa leitura, a chamada Revolução Industrial, por exemplo, está muito mais para um capítulo da cultura econômica criada pela Expansão Marítima, do que propriamente uma "grande ruptura" com o passado. Ou seja, a Revolução Industrial seria antes um processo de aprofundamento das mudanças na cultura comercial e produtiva implementada pelas Grandes Navegações, do que uma nova "obra", especialmente marcada pelas adaptações promovidas a partir da experiência inglesa em seu processo de adesão à essa nova economia global formada a partir do século XVI.

Nessa perspectiva temos duas opções ao falarmos em Revoluções na chamada modernidade. Ou as concebemos como eventos cada vez mais específicos, singulares e locais, o que implica acabarmos com irritantes associações dos acontecimentos brasileiros, por exemplo, a uma suposta filiação à Revolução Francesa, ou "influência" do "iluminismo" europeu. Afinal de contas, uma revolução no Brasil só pode ser "brasileira", o que significa dizer que atende a questões postas pelos conflitos, contradições e demandas daqui. Pois convenhamos que não é porque alguém leu ou ouviu falar de uma guerra civil na França que decidiu questionar o *Status Quo*, mas antes por está insatisfeito com alguma questão local, por considerar alguma situação como injusta ou alguma coisa como estando fora daquilo que era até ali costumeiro, o que se dar, principalmente, pela ampliação da circulação de informações.

No sentido inverso, também concebemos "revolução" como uma soma de eventos inserido em um longo processo global, como a grande Revolução Neolítica, que ocorre em diferentes momentos e é promovida por diferentes povos, aparentemente sem nenhum contato de um com o outro, de tal forma que é possível falarmos em uma grande era neolítica entre 11 e 8 mil anos antes de Cristo.

Seguindo estas duas premissas, logo ou entendemos as revoluções como respostas locais promovida diretamente pelas contradições locais e regionais. Ou, indo para o lado oposto, as concebemos como eventos macros globais, onde as ações locais seriam apenas etapas deste todo. Neste caso desta grande revolução estaria o processo de modernização, de onde se insere a Expansão Marítima, a formação dos Estados nacionais, onde as chamadas revoluções burguesas estariam inseridas no contexto da

Europa, assim como as Independências das Américas e a formação dos estados americanos o foram para nosso continente.

Evidentemente o perigo de se pensar "revolução" como uma força mundial, é o caráter determinista que tal formulação acaba adotando, no sentido de que, se concebermos "revolução" como uma força transformadora de caráter mundial, acabamos estabelecendo uma formulação extremamente determinista e, praticamente, revigorando e ampliando as formulações do pensamento estruturalista europeu. Logo, preferimos um entendimento entre estes dois extremos, onde tanto aceitamos que, para alguns eventos, as revoluções podem ser entendidas como rupturas locais ou regionais, como em outros, as rupturas só se tornam inteligíveis se forem concebidas como estruturais e globais, que seriam, justamente, as mudanças que ocorrem a partir das interações entre os povos, como o foi a Expansão Marítima.

Na memória histórica, no entanto, quando falamos em "revoluções" a imagem que normalmente vem a cabeça é das "Revoluções Francesa e Industrial". De fato, os dois eventos fazem sombra a acontecimentos tão ou mais importantes, pois seriam inclusive mais revolucionários se jugarmos a profundidade das mudanças promovidas, mas mesmo assim há uma certa resistência em serem definidos como "revoluções", a exemplo da Expansão Marítima, que inaugurou um sistema econômico mundial no século XVI, produzindo o próprio sentido daquilo que se convencionou chamar de modernidade, bem como criando um intenso processo de hibridização cultural, de tal forma que sem a Expansão Marítima, seria impossível ocorrerem tanto a Revolução Francesa, como a Revolução Industrial. No mais, movimentos políticos profundos como a Revolução Inglesa do século XVII, que levou a burguesia ao poder e implementou uma organização estatal com base no mérito e não mais em privilégios dinásticos no Reino Unido quase 150 anos antes da Revolução Francesa, ou mesmo da Revolução Americana, marcando a criação do primeiro grande Estado republicano e federalista do mundo moderno, posto que estas formas de governo só existiram antes nas pequenas repúblicas cidades-estados italianas da Baixa Idade Média. Ou até mesmo podemos falar em uma Revolução portuguesa, que criou uma unidade política e uma máquina burocrática estatal bem antes dos demais países da Europa, no longínquo século XV. Assim como também podemos falar de uma série de revoluções na América Latina no século XIX, marcando a formação de Estados nacionais independentes, iniciando as lutas contra o colonialismo europeu e fundando o que se convencionou chamar Estado nacional.

No caso da Revolução Inglesa do século XVII, ela tem peculiaridades que as distingue da Revolução Francesa e da Revolução Estadunidense. No citado movimento inglês o que há é uma aliança entre a nobreza e a burguesia agrária contra a realeza. Característica que a faz não se encaixar na ideia de **luta de classes** da tradição marxista. Neste sentido, a Revolução Inglesa teria representado uma aliança entre a Gentry, a burguesia urbana e a nobreza contra a monarquia. Aliança que não teria se mantido contra a Revolução Francesa, mas que na Inglaterra foi decisiva, criando um governo constitucional já no século XVII e garantindo não só a limitação dos poderes reais, mas principalmente a participação da burguesia no poder, que passa a impor seus pontos ao novo governo.

Mas a grande revolução da Modernidade foi de fato a Expansão Marítima e formação do sistema mundo, passando a integrar todas as partes do globo. Apesar de não ser classificada como uma revolução burguesa, pois não estava no horizonte de seus implementadores um objetivo burguês, bem como aqueles que a implementaram como Diogo Cão, Cristóvão Colombo, Vasco da Gama, Fernão de Magalhães etc., tinham muito mais uma pretensão cruzadista do que propriamente mercantilista. Ainda assim, os resultados de suas ações inauguraram uma crescente influência da burguesia em praticamente todos os reinos europeus, além de criarem uma classe de mercadores transcontinentais de um mercado global. Nos governos esta nova classe passou a ocupar cargos públicos rivalizando com as suas respectivas nobrezas, bem como passaram a pleitearem políticas que os favorecessem economicamente. Em resumo, a Expansão Marítima cria o sistema econômico capitalista global, que tornou possível as revoluções do século XVIII e XIX, formando tanto o espaço mundial de trocas comerciais, como de hibridização cultural, possibilitando não só a circulação de mercadorias e capitais, mas também de ideias, tecnologias, experiências distintas e uma cultura culinária internacional, no sentido que vários animais e plantas passaram a serem respectivamente criados e cultivados nas mais diferentes regiões do mundo. Para as Américas vieram culturas tanto asiáticas como europeias como a do trigo, a soja, o arroz, o café além da introdução dos bovinos, suínos, caprinos, equinos, galináceos etc. Enquanto para a Europa levaram nosso fumo, as batatas, amendoins, tomates, milho, chocolate e toda uma diversidade de frutas.

Antes desta expansão europeia, a expansão árabe a partir do século VII já havia promovido uma intensa troca cultural no mundo afro-eurasiático, ao, por exemplo, introduzir o camelo no Norte da África, levar o açúcar, o cravo e a pimenta da Índia para a Europa, assim como o papel, a pólvora e a bússola da China para as regiões mediterrânicas. Somando-se a isto várias influências na linguagem, filosofia e matemática, a ponto de o sistema numérico latino ser substituído pelos atuais números hindu-arábicos. Ainda mais longínquo, a chamada **Rota da Seda** implementada a partir das pretensões do imperador chinês Wu de

Han (141 a. C a 87 a.C), desejando adquirir cavalos árabes comercializados por povos que viviam nas proximidades de oásis da Ásia Central. Se Wu de Han queria montar uma cavalaria para seu exército real, acabou interligando indiretamente os impérios chinês, Persa e Persa Sassânida (na chamada antiguidade tardia), além do Império Romano, que além de trocas comerciais também trocavam influências culturais. Característica que perdurando até a ascensão da revolução Islâmica, onde os árabes passaram a controlar estas mesmas rotas comerciais até o avanço Otomano do século XV sobre as terras árabes.

Portanto, mesmo a Expansão Marítima, inegavelmente revolucionária, não representou a criação de um comércio intercontinental, mas antes a inclusão de todos os continentes em um mesmo sistema econômico: o Capitalismo. O que faz com que as ditas revoluções burguesas sejam apenas consequência desta grande Revolução Comercial do século XVI, pois sem o mercado interligado global criando pelas Grandes Navegações, não seria possível existir uma Revolução Industrial ou mesmo uma Revolução Francesa.

## 2. Escritos Pós-Colonial e Decolonial.

A bem da verdade, desde o início do movimento estruturalista inspirados nos estudos linguísticos de Ferdinand Saussuri na metade do século XX, que alguns padrões clássicos sobre a modernidade passaram a ser quebrados. Quando Levi Strauss retirou a hierarquia entre as culturas quentes e frias, assim quando Michel Foucault concebe seus conceitos de "biopoder" e de uma "microfísica do poder", já estava embutido ali reconfigurações para repensarmos a modernidade e a Europa de uma forma que respectivamente questionava a ideia de um progresso como aprimoramento cultural e, consequentemente, a suposta primazia europeia ou estadunidense como os principais agentes desta modernidade, mas a própria modernidade, o saber científico, a racionalidade foi despida de suas insígnias de superioridade.

Se quisermos recuarmos mais um pouco, acredito que é possível destacar o papel de Nietzsche e sua crítica a racionalidade linguística como uma influência primordial sobre esta corrente de pensamento. Não à toa, os franceses Foucault e Derrida são tão citados nos estudos pós-coloniais, como, por exemplo, os textos de Eduard Said e de Achille Mbembe, que se dizem debitários de Foucault, ou ainda a influência do Marxismo sobre o pensamento de Anibal Quijano. Todavia, nada seria mais contraditório do que buscar em pensadores europeus as matrizes da principal crítica já formulada ao eurocentrismo.

Sendo assim, ao falarmos dos movimentos Pós-coloniais e Decoloniais, é falar do protagonismo assumido por intelectuais das antigas colônias europeias dos anos 50 do século XX em diante. Na década de 1970 foi publicado nos EUA um ensaio de Eduard W. Said intitulado "Orientalismo: o oriente como invenção do Ocidente", que, de uma certa forma, trazia imprescindíveis reflexões sobre o conceito de Oriente e, consequentemente, oriental para a Europa.

A partir de uma análise do discurso da historiografia europeia, da literatura e de discursos políticos, Said percebe que o conceito de "Oriente" foi construído pelos países da Europa para justificar o colonialismo sobre a Índia, China e os países árabes. Na formulação deste discurso "orientalista", uma das primeiras medidas foi eliminar as diferenças entre os diferentes povos que compõe o chamado Oriente, para então apresentar características gerais básicas do "oriental" imaginado. Segundo Said, sempre associado a alguém que se move pela religião, trapaceiro, ingênuo e incapaz de ter uma posição racional e científica.

Qualquer generalidade ganha foros de verdade; qualquer lista especulativa de atributos orientais acaba por se aplicar ao comportamento dos orientais do mundo real. Num lado, há ocidentais, e no outro, há árabes-orientais; os primeiros são (em nenhuma ordem particular) racionais, pacíficos, liberais, lógicos, capazes de manter valores reais, sem suspeita natural; os últimos não são nada disso. (SAID. 2007, p. 85)

Ou seja, a Europa inventa o "Oriente" como seu antípoda, seu contrário. Logo, o irracional, o místico, o atrasado e/ou fanatizado.

A influência de Eduard Said sobre as ciências humanas foi tão significativa, que seu texto acabou levando à formação de uma nova corrente de pensamento social: o campo dos estudos pós-coloniais, além de ser referencial para os estudos decoloniais. Especificamente os estudos pós-coloniais foram muito influenciados pelas lutas contra o colonialismo europeu na África e na Ásia, em curso do século XIX à meados do século XX. Destacaram-se neste campo principalmente intelectuais do mundo africano e indiano, além do próprio Said, da Palestina. No caso da África, intelectuais/ativistas políticos africanos e afrodescendentes envolvidos diretamente nas lutas contra o colonialismo tiveram um papel central na elaboração de um pensamento pós-colonial. Frantz Fenon, por exemplo, nascido em Martinica, colônia francesa da América do Sul, participou diretamente do movimento que ficou conhecido como pan-africanismo, destacando a necessidade de se pensar em uma "africanidade" como base de ação e representação simbólica em comum entre os povos africanos e afrodescendentes para se lutar contra o colonialismo não só político e econômico, mas também epistêmico. Mas não foi um militante de academias e bibliotecas, Fenon compôs a frente nacional pela libertação da Argélia.

Neste sentido, Frantz Fenon, em seu trabalho "Pele negra, máscara branca", destaca como o racismo é reproduzido por suas vítimas. Portanto, entendendo que o colonialismo não foi só sobre a terra e a economia, mas principalmente sobre a forma de pensar e agir do Argelino, que passam a adotar tanto os padrões linguísticos como comportamentais dos colonizadores franceses, e o ir a França ou falar fluentemente o francês passam a ser encarados como símbolo de distinção social. Destaca a prática de argelinos que abandonam as línguas crioulas, associadas como símbolo de barbárie na Argélia, para se esforçarem em adotar o Francês da França. Além da análise da introjeção do racismo entre os argelinos, Fenon também aborda como os franceses lidam com os africanos, na França.

Segundo Fenon, existia toda uma linguagem própria adotada por franceses ao conversarem com um argelino, infantilizando a fala por acreditarem serem os africanos incapazes de compreender conceitos mais complexos.

Todavia, é a inversão da lógica da modernidade uma das principais contribuições dos discursos pós-coloniais. Para estes intelectuais, o discurso universalista e humanista produziria uma ideia de vanguarda europeia sobre a história humana, pensando ser a trajetória europeia a mesma que deveria ser seguida por todos os grupos humanos. Nesta perspectiva, a Europa seria o centro civilizado do mundo e caberia a ela liderar este processo nos outros povos.

O pensamento pós-colonial, no entanto, acusa o discurso modernista europeu de ser, antes, colonialista e negar a diversidade de culturas ao tentar impor seu jeito de viver aos demais povos. Assim, nesta perspectiva, tanto não existiria um único caminho a ser seguido, aliás, não existiria caminho algum, mas apenas experiências sociais e políticas destintas, como vai afirmar que a modernidade, ao invés de alicerçada em valores racionais, na verdade era ancorada no racismo. Ao se colocar como agentes civilizadores do mundo, as populações europeias criaram um discurso classificatório dos outros povos pelo critério da cor da pele.

Foi então a partir de uma perspectiva racista, que o europeu vai definir-se como branco, o africano como negro, o asiático como amarelo e os índios.

Tal definição suprime de imediato todas as diversidades ao classificar. Por exemplo, ao classificar as populações nativas da América como "índios", suprime intencionalmente as identidades de povos que se viam como "rerius", "cariris", canindés, tabajaras, tupis, caratiús, ariús, guaranis, ticunas, macuxi, terena, xavante, pataxó, potiguara; enfim, inúmeras identidades e só levamos em conta o exemplo de uma fração dos inúmeros povos da posteriormente chamada América Portuguesa. A questão se amplia a um nível imensurável quando levamos em conta todo o continente americano. Distintas realidades com organizações sociais, idiomas, práticas agrícolas e alimentares diferentes. Povos, inclusive, muitas vezes inimigos entre si. Todo este universo social foi reduzido a classificação pejorativa de índios. A mesma coisa com as populações negras, onde bantos, congos, benguelas, minas, guinés etc., foram reduzidos à classificação de negros.

Mas foi ao "Oriente" a quem coube o papel de "antípoda" do "Ocidente", como já destacava Eduard Said. O fanático religioso em contraponto à lógica e racionalidade ocidental, o passado da humanidade, a infância da humanidade em contraponto à atualidade e progresso da Europa.

Todavia, pós-colonialidade e decolonialidade não são exatamente iguais. O pensamento pós-colonial toma como base as lutas contra o colonialismo do pós-guerra e durante a Guerra Fria, tendo suas bases intelectuais na África e Ásia, os pensadores da decolonialidade vão tomar como referência o colonialismo do século XVI ao XIX. O peruano Anibal Quijano, por exemplo, apesar da correlação de seu posicionamento com muitas pautas do pensamento pós-colonial. Walter Mignolo, a partir da tese de Quijano, nos lembra que o conceito de "Oriente" só vai ser possível de ser pensado a partir do momento que a América é integrada ao mundo europeu, como colónia do mesmo. Neste sentido, ainda segundo Mignolo, seria preciso primeiro se pensar em um "Ocidentalismo", para só depois se pensar em um orientalismo.

Ou seja, para se pensar o Oriente, foi necessário criar antes o Ocidente, e esta experiência se dá a partir da colonização da América. Enquanto para Said, por exemplo, a ideia de um discurso "ocidentalista" seria inconcebível. É claro que esta discussão sobre o pioneirismo e importância do "colonialismo" mais influente, a nosso ver, não é a questão central das colaborações destes intelectuais da América latina para o debate, mas antes o que Quijano denomina de "Giro decolonial"[4]. Inclusive, para Quijano, tanto o racismo como a consequente ideia de modernidade vai ser produzida no colonialismo dos portugueses e espanhóis nas suas respectivas colônias americanas. Segundo Quijano:

---

[4] Veja o mapa 1.

> A colonialidade é um dos elementos constitutivos e específicos do padrão mundial do poder capitalista. Sustenta-se na imposição de uma classificação racial/étnica da população do mundo como pedra angular do referido padrão de poder e opera em cada um dos planos, meios e dimensões, materiais e subjectivos, da existência social quotidiana e da escala societal. Organiza-se e mundializa-se a partir da América. (QUIJANO. 2009, p. 73)

Influenciado por Quijano, Walter Mignolo destaca o que este chama de Matriz Colonial de Poder (MCP), onde a base do pensamento europeu teria se formado na modernidade sob alegação de compor um pensamento universalista, mas toma como base a colonialidade, de tal forma que não há modernidade sem a colonialidade, sendo esta, inclusive, fundamental para a formação do que Immanuel Wallertein chamou de Sistema Mundo Moderno. E aqui chamamos a atenção para mais uma diferença entre as visões pós-coloniais e decoloniais. Há também uma significativa influência de história social e do pensamento marxista sobre os intelectuais da decolonialidade, a exemplo do citado Wallertein, que concebe a origem da globalização e, consequentemente, do sistema mundo moderno, na expansão europeia do século XVI. Anibal Quijano, por exemplo, participou de vários movimentos políticos da esquerda peruana, sendo inclusive exilado político durante a ditadura militar peruana na década de 1970. Enquanto nos parece que Nictsche e Foucault serão os nomes mais referenciais para os autores africanos e asiático do movimento pós-colonial. Eduard Said, inclusive, define-se como um grande debitário do pensamento de Foucault, ou seja, uma corrente de pensamento mais próxima do estruturalismo e dos estudos de linguística, assim como mais recentemente o é Achille Mbembe e o brasileiro Silvio Almeida.

Mapa 1

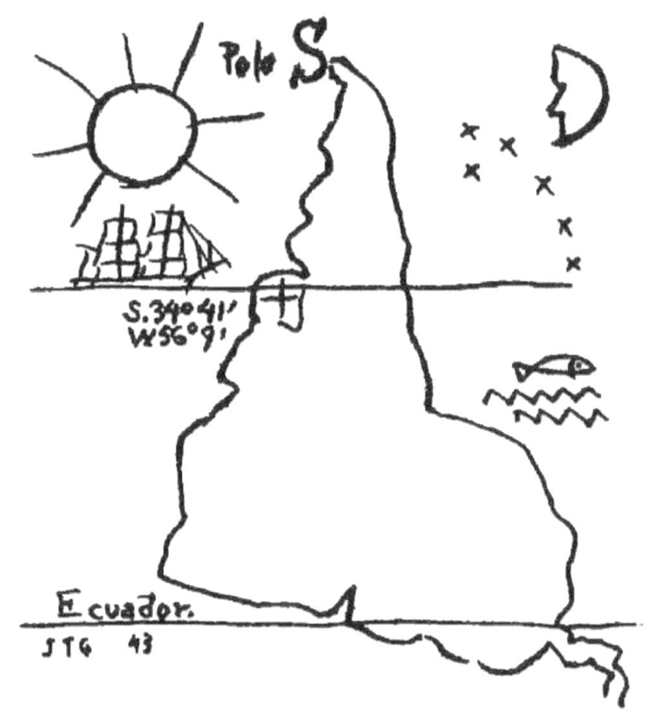

Fonte: Mapa Invertido da América do Sul de Joaquim Torres Garcia (1943). Imagem da internet. Disponível em: https://www.brasildefato.com.br/2020/10/07/artigo-existem-outras-formas-de-representar-o-mundo. Pesquisado em 13/03/2023.

O mapa acima, por exemplo, possibilita uma visualização do que seria o chamado giro decolonial, que pode ser resumido como um olhar a história a partir das questões levantadas pelos povos colonizados.

De toda forma, "o giro decolonial" consiste, dentre outras coisas, em analisar a história a partir da perspectiva da América e analisar a importância desta nos rumos da sociedade e economia mundial. Assim, nesta perspectiva, teria sido o conceito de raça e, consequentemente de racismo, assim como o colonialismo, fundamental para produzir o que é definido como modernidade. Ou seja, a ideia de racionalidade e de universalidade, não passa, nesta visão, de expressões do eurocentrismo que concebe seu próprio pensamento como universal, ao passo que desqualifica ou "subalterniza" (para usarmos um termo dos intelectuais do pós-colonialismo indiano) os demais. Neste sentido, a experiência dos estudos decoloniais e pós-coloniais apontam para a necessidade de estudos locais e a partir da perspectiva dos subalternizados, em detrimento de análises demasiadamente abrangentes e sob a égide do Estado. Portanto, os estudos deconloniais e pós-coloniais tendem a pensar o local e os grupos "marginalizados" pelo poder.

De nossa parte, como proposto na introdução deste trabalho, pensamos que é possível também se analisar uma "história mundo" fugindo do eurocentrismo. Entendendo, por exemplo, que na chamada "Idade Moderna" europeia, a China e a Índia eram na verdade as regiões economicamente mais inovadoras e influentes do mundo, que justamente, a "modernidade" europeia nasce como um esforço de mercadores europeus chegarem diretamente às riquezas "orientais" sem mais precisarem dos mercadores árabes. E que a Europa só deixou de ser periferia econômica do mundo no século XVIII e XIX, perdendo já o protagonismo econômico mundial no início do século XX com a ascensão de uma de suas ex-colônias: os Estados Unidos da América logo após a Grande Guerra.

Mais recentemente, um nome que vem se destacando, herdeiro da tradição pós-colonial africana, é o camaronês Achille Mbembe, que a partir do conceito de "biopoder" de Foucault para formular sua "categoria" de "necropolítica". Como o nome sugere, a necropolítica seria a política da morte, que se tornou mais evidente e perceptível na Europa, durante os regimes totalitários e o extermínio de judeus. Todavia, o holocausto judeu só representou, segundo Mbembe, a chegada de uma prática política já consagrada pelo expansionismo europeu por toda as regiões fora da Europa. Nesta visão, o que a Alemanha Nazista fez foi, ainda segundo Mbembe, internalizar o colonialismo, no sentido de levar para a política interna da Europa as práticas que a séculos já eram largamente praticadas pelo velho mundo e, mais recentemente os EUA, nas regiões coloniais.

A mesma formulação já havia sido feita por Aimé Césaire em 1955:

> O que o cristianismo burguês do século XX não perdoa a Hitler não é o crime em si, o crime contra o homem, não é a humilhação do homem em si, é o crime contra o homem branco [...] é ter aplicado a Europa procedimentos colonialistas que, até então, só se destinavam aos árabes, aos cules da Índia e aos negros da África (CÉSAIRE, Apud FERRO, 1996, P. 14)

E é preciso que se diga, se levarmos esta questão para o colonialismo europeu do século XVI ao XIX nas Américas, a única conclusão possível é que a ação da Alemanha sobre a Checoslováquia, Áustria, Polónia, França, etc., foi evidentemente terrível, mas representou apenas uma fração do que foi o colonialismo sobre as Américas. Aqui, mas Américas, em termos de estimativa, tivemos aproximadamente o extermínio de 96% das populações originárias no decorrer de cinco séculos, naquilo que provavelmente representou a maior sequência de genocídios e etnocídios da história humana, se não pela ação direta de guerras de extermínio, que sim, foram bem significativas, em especial jogando um povo contra outro; mas principalmente pela difusão de patógenos aos quais as populações nativas não tinham respostas imunológicas.

Mas voltando ao que falávamos, Mbembe aproxima-se de Quijano quando entende que foi a partir do colonialismo a europeu que se inventou as categorias raciais. O racismo atua para dar aos negros, e aos indígenas americanos, acrescentamos nós, um sentido de subumanidade ou os transformando em homens-coisa: uma mercadoria a ser comercializada e consumida nos plantatios açucareiros das Américas.

Ou seja, os estudos decoloniais e pós-coloniais vão levantar uma série de críticas a forma como a matriz de pensamento do humanismo foi concebida e cobrar o fim de uma visão universalista em nome do respeito a diversidade de pensamento e de interpretações.

Na historiografia brasileira, estas ideias ainda são pouco aplicadas, no sentido que são poucas as pesquisas empíricas em História referendadas pelos conceitos de "pós-colonialidade" e "decolonialidade", sendo mais comum discussões no campo da filosofia da história e teoria sociológica propriamente dito. No entanto, evidentemente, todas estas correntes de pensamento dialogam direta ou indiretamente com pesquisas sobre o cotidiano das populações pobres e subalternizadas, que remontam tanto as tradições da história social e a ideia de uma história vista de baixo, mas também com a história cultural. A exemplo do texto "A invenção do Nordeste" do Durval Muniz, que parte de premissas muito próximas do que pode ser encontrado na ideia de "invenção" do Oriente presente em Eduard Said. Além, evidentemente, dos atuais estudos sobre a história indígena e negra em curso no Brasil, inclusive representada legalmente sobre a obrigatoriedade do ensino de História da África e indígena na educação básica com a lei 10.639/03.

Pegando só os exemplos dos historiadores do Ceará, destacamos os textos de João Paulo Peixoto e Marcos Felipe Vicente sobre a cidadania e participação indígena no processo de independência, Maico Oliveira sobre a identidade indígena no Ceará e suas resistências a política de ocultamento do Estado; Eurípedes Funes sobre a escravidão e a situação dos Negros e índios no Ceará colonial e imperial, Raimundo Nonato sobre as populações negras e indígenas no interior do Ceará; Eylo Fagner sobre as empregadas domésticas em Fortaleza no período pós-abolição (2018) e, claro, a coletânea de texto de historiadores do interior do Ceará publicados na coleção "Nas Trilhas do Sertão", que vem dando visibilidade a muitas pesquisas e temáticas da historiografia do interior do Ceará, o que possibilita pensarmos uma história decolonial dos sertões.

A própria descentralização da historiografia brasileira atualmente em curso, destacando-se cada vez mais historiadores dos estados mais distantes do eixo Rio-São Paulo, como os citados acima, além de temáticas relacionadas a populações subalternizadas. Esta seria, a nosso ver, as principais influências dos estudos pós e decoloniais sobre a historiografia.

# 3. A FINANCEIRIZAÇÃO DA VIDA.

O primeiro ponto para entendermos a modernidade tem conotações de longuíssima duração. No caso, o processo de "coisificação" das plantas e animais, que também pode ser definido como a elaboração simbólica de uma racionalidade financeira ou mercantil (daqui para frente, financeirização e mercantilização) dos alimentos e de tudo que estava no entorno humano. Configurando-se como um esforço contínuo humano, mas também impossível, da humanidade se colocar como um agente externo e gerente do mundo natural, financerizando o mundo natural.

Para compreendermos este processo coisificante, convido os leitores a um exercício de imaginação para pensarmos juntos em sociedades em suas passagens entre os seus paleolíticos e o neolíticos e, principalmente, as formulações das primeiras sociedades de mercado.

Esta forma de conceber a história só é possível se pensarmos fora de caixas temporais: ou seja, se entendermos que vários elementos da dita modernidade foram concebidos em sociedades da antiguidade e passando a serem reelaboradas geração, após geração, influenciando e sendo influenciada por as sucessivas interações entre os povos. Das interações mediterrânicas, às interações transoceânicas.

Antes de prosseguirmos, é bom definirmos aqui o que estamos chamando de "paleolíticos" e "neolíticos". Em nossa formulação, não entendemos os recortes e temporalizações europeus como base. Assim, entendemos que cada povo teve sua fase paleolítica e neolítica, ou antes, que o paleolítico e neolítico não segue uma cronologia europeia, mas especificidades locais. Assim, podemos falarmos hoje em sociedades neolíticas, ou seja, criadores e agricultores autossustentáveis, como camponeses do interior do Brasil; ou em sociedades paleolíticas, como o são algumas tribos indígenas isoladas na Floresta Amazônica, e que apesar de não conviverem com sociedades de mercado, coexistem no mesmo recorte temporal que estas, mas em outra temporalidade histórica. São sociedades paleolíticas da atualidade. Assim como os poucos agricultores de subsistência do interior do Ceará que ainda resistem no campo, vivem ainda em uma organização social neolítica, só que, ao contrário dos indígenas citados, em convívio e interagindo com as sociedades de mercado.

Para não recuarmos ao suprassumo dos primórdios, peguemos os primeiros povos agricultores e criadores. Para o ser humano se tornar pastor, este teve primeiro de simbolicamente desnaturalizar os animais. Se as vacas, porcos e ovelhas do paleolítico eram sacralizadas por serem distantes e escassos, a partir do momento em que se começaram a criar estes animais ou cultivar as plantas, os humanos passaram a encará-los não como elementos naturais, mais antes, meios ou bens para a subsistência. Quando percebido que as vacas como fonte de fornecimento de carnes também produziam leite e as galinhas, ovos; os animais foram transformados em meios controlados para a subsistência do grupo.

Sendo assim, quando o ser humano passou a ordenhar ou criar vacas para o abate e assim consumir seu leite e carne de forma ordenada, a vaca foi transformada em um meio para um fim. No caso, o objeto final aí é o leite e/ou seus derivados (queijos, iogurtes, coalhadas etc.) ou a carne. Tão logo o ser-humano, ao invés de apenas consumir a carne, o leite e os seus derivados, viu nestes a possibilidade de os trocar por outros alimentos ou objetos desejados, o leite e seus derivados, assim como a carne, deixaram de ser o fim e passaram a ser também os meios para um fim maior e amplo (no caso, tudo que ele, o dono da vaca, precisasse para os seus interesses e necessidades), enquanto a vaca foi reduzida à condição de um bem ou propriedade.

Ou seja, a vaca passou a ser alienada da condição de vaca, desnaturalizada para virar uma coisa. O mesmo podemos falar sobre o uso dos animais como força de tração na aradura dos campos ou como meio de transporte, assim como podemos falar das plantas e do próprio solo. Tudo foi sendo paulatinamente desnaturalizado e transformado em meios para o acesso irrestrito a todos os desejos humanos, a tal ponto que hoje a humanidade refere-se à natureza como algo externo a ela. Logo, o homem não está na natureza, mas em oposição a ela. Por exemplo, na Geografia se costuma dizer que uma paisagem é humanizada ou natural, pois o conceito de humano é oposto ao de natural.

Um espaço modificado pelo homem deixa automaticamente de ser considerado natural, como se os humanos fossem um ente externo a natureza e que pode, como tal, opor-se a esta. Entre os cristãos esta visão está muito referendada em sua mitologia de fundação do mundo, pois estes entendem-se como feitos a imagem e semelhança de Deus, sendo portanto um semideus, a quem seu criador entregou o mundo e tudo que existia nele, animais e plantas, para o servir. Nesta mitologia, o mundo existiria para atender os anseios e interesses humanos. Ou seja, pensa a humanidade como separada do resto dos seres vivos existentes. O que faz com que os cristãos se concebam como entes acima da vida e da morte dos demais seres. Aqueles que teriam o direito de origem celestial aos corpos e vida de todos os demais seres.

Voltando ao tema do leite. Neste caso, cada vez mais o leite, enquanto meio para todos os fins, precisava ser maximizado, uma vez que maximizar os meios significava maximizar os fins. Necessariamente a maximização do leite passava por ampliar a coisificação das vacas, que por sua vez viraram "investimentos" para a maximização dos fins, que pode ser definido como o acesso cada vez mais ilimitados a bens que eu não produzo.

Em outras palavras, as vacas, cavalos, porcos, galinhas e todos os demais animais que servissem a estes mesmos anseios, foram deixando de ser animais e transformados em reprodutores universais dos fins. Mercadorias com a sua reprodução minuciosamente controlada através de técnicas de confinamentos em currais ou em espaços cada vez mais controlados; cruzamentos sexuais com a seleção cuidadosa dos animais com características que se desejava maximizar, sempre buscando cruzar a vaca mais produtora de leite ou com a maior quantidade de carne com os touros que possibilitassem uma seleção artificial da espécie.

Tudo pensado para a maximização do leite e das carnes. Para tanto, os animais precisavam ser desanimalizados e coisificados. Logo, o primeiro grupo de seres vivos a ser coisificado ou modernizado, foram os animais não humanos, transformados em produtos alimentícios. Este processo de desanimalização dos animais segue, portanto, o mesmo processo de humanização do animal homem. Distanciando-o paulatinamente dos demais animais para cada vez mais o afirmar como uma criatura não-animal, um semideus, senhor de todos os bichos e que, como tal, poderia desfrutar a vontade de suas vidas e seus corpos.

Quando este primeiro processo se conclui; as vacas, porcos, galinhas e muitos outros animais, já não eram animais, haviam sido convertidos completamente em objetos, assim como quase toda a vida e espaço físico foram sendo desnaturalizados, para serem transformados em capital.

Imagem II

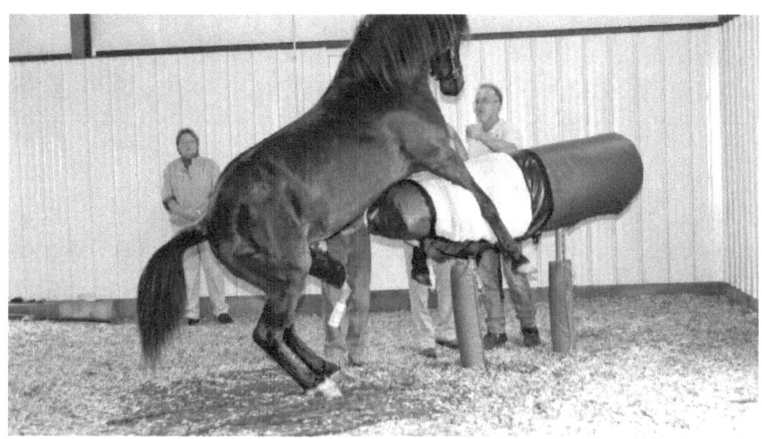

Cavalo cruzando com manequim para a coleta de sêmen.
Fonte: Coleta de sêmen em equinos: etapas e análises.
Equinovet. 30/08/20. Disponível em
http://blog.equinovet.com.br/coleta-de-semen-em-equinos-etapas-e-analise/ Consultado em 18/07/2022.

Imagem III.

Vaca fistuladas para a pesquisa. As fistulas são abertura permanentes para a análise periódica do trato digestivo e as ações das bactérias no estômago da vaca/cobaia bem como entender como os alimentos são digeridos pelo animal. O objetivo da pesquisa é melhorar a qualidade da engorda do animal com a composição de ração ideal para este processo, dentre outra coisas, mas sempre relacionado a melhoria do "produto" vaca, visando a lucratividade final do mesmo. Disponível em: https://www.infocampo.com.ar/para-que-se-usa-la-fistula-ruminal-y-por-que-afirman-que-no-altera-el-bienestar-animal/ Consultada em 17/05/2023.

## 3.1. OS COMERCIANTES

**Dos agricultores aos mercadores citadinos.**

Evidentemente, os vestígios históricos sobre o surgimento das relações comerciais são bem escassos, pôr os registros escritos destas atividades só surgirem quando a escrita foi criada, o que só ocorreu quando o comércio estava relativamente estabelecido. Fato que abre um espaço bem maior para especulações e hipóteses, uma vez que vários argumentos e entendimentos sobre o modo de vida dos povos da antiguidade simplesmente não tem como serem sustentadas empiricamente. Assim, no terreno das hipóteses, supomos que as produções excedentes dos primeiros povos agrícolas passaram a serem trocadas por aquilo que não era comum na região, ou que não era cultivado pelo lavrador ou pastor em questão. Segundo Pinsky (2020, p. 51-52), o próprio fato de as sementes ficarem todas maduras a um só tempo, cobra dos agricultores uma técnica de armazenagem da produção excedente para o resto do ano, assim como a necessidade de guardar as sementes para a próxima semeadura. De tal forma, a prática de guardar sementes sempre fez parte da experiência agrícola, como o é até hoje nas sociedades que vivem da agricultura familiar. "A produção de um excedente agrícola, somada a atividade criadora [...], servirá para atender as necessidades da comunidade em períodos mais duros, propiciando o crescimento da população e o surgimento posterior de um comercio insipiente." (PINSKY. 2020, p.52)

Ligado a este mesmo processo estaria também o surgimento das cidades, que vieram a se constituírem como o espaço-mor das trocas comerciais e diversificação das tarefas. Evidentemente, uma das primeiras questões impostas por estas novas formas de viver, foi a defesa contra outros humanos de fora da comunidade. Para Lewis Munford, os caçadores teriam subjugado as aldeias neolíticas de agricultores e imposto a estas, tributos que fortificavam o poder dos líderes, uma vez que, com os tributos, puderam criar exércitos que não só consolidavam seu poder, como possibilitavam ampliá-lo, anexando e subjugando outras aldeias, formando assim, as cidades-estados. Todavia "Os aldeões acuados submetem-se porque o protetor mostrava dentes mais feios que os animais contra os quais oferecia proteção." (MUNFORD, p. 31) Nesta visão, as comunidades agrícolas antes de conseguirem se defenderem, teriam sido conquistadas, sendo este conquistador que tratou de organizar a defesa contra possíveis rivais que viessem ameaçar as suas posses.

No entanto, até por uma questão numérica, é difícil imaginar que a defesa contra ataques externos às comunidades agrícolas tenham sido organizadas, justamente, por uma força externa a estas. As comunidades de caçadores eram menos numerosas do que as sociedades agrícolas. De nossa parte preferimos acreditar que, mesmo que uma ou outra cidade-estado tenha surgido assim, ou seja, com caçadores se apropriando da exploração de comunidades agrícolas, o mais provável é que a maioria destas sociedades tenham elas mesmas organizado seus sistemas de defesa a partir do processo de especialização das tarefas, com os chefes locais e os militares cada vez mais livres das atividades agrícolas e encarregados de organizar a defesa contra possíveis invasores. No entanto é inegável que possa ter existido mais de uma forma para o surgimento das cidades. De toda forma, posteriormente ao surgimento da vida urbana, estas cidades passaram por processos de integração em algumas regiões, nascendo assim os impérios. Todavia, neste último caso, nos parece que a integração destas sociedades estaria mais ligada ao avanço das cidades-estados que se tornavam mais poderosas sobre as cidades vizinhas, transformando a influência de um chefe local em imperador de vários povos, unificando religiões, idiomas e criando cada vez maiores rotas comerciais.

De toda forma, apesar das primeiras relações comerciais não terem provavelmente surgido com as cidades, pois povos seminômades das Américas pré-colombianas negociavam entre si mesmo sem terem nada parecido com cidades e vida urbana. Porém, o comércio de longas distancias, este sim, é uma prática essencialmente urbana, uma vez que foi nas cidades que as trocas de produtos se tornaram uma atividade econômica fundamental, pois possibilitava o suprimento de insumos valorosos que não eram naturais da região.

**Reinos, impérios e comércio**.

Na aldeia de terras férteis do Neolítico, o indivíduo isolado ou em grupo familiar tinha mais poder do que nos primeiros agrupamentos que se constituíam no Sul do Egito e da Mesopotâmia. Lá ele podia se desgarrar do grupo para exercer sua atividade de lavrador ou de criador, com possibilidade de sucesso. Aqui tinha de fazer parte do grupo maior, um de muitos, elemento da engrenagem: o grupo dependia dele e ele do grupo. Colocar-se a margem da sociedade era colocar-se a margem da terra resgatada dos pântanos e da água canalizada. A sociedade que premiava o membro que demonstravam bom comportamento, punia aqueles que falhava, por meio de sanções que o condenavam a viver fora da estrutura de produção.
Quando o líder exigia o trabalho de alguém, o fazia em nome do grupo que o apoiava: a solidariedade social poderia ser imposta.
O rei investia-se do poder moral, que era outorgado pelo interesse do grupo e do poder de coação, podendo aplicar sanções a preguiçosos, marginais ou descontentes em geral. Tratava-se de opor o interesse geral ao particular e o restante não contava.
Ricos no que se refere à fertilidade das terras, mesopotâmios e egípcios eram muito pobres em matérias-primas, algumas delas essenciais. O vale do Nilo não tinha madeira para construção, nem pedras ou minérios. A Suméria não estava em situação melhor.
Com as obras hidráulicas, os egípcios e os sumérios desenvolveram um comércio com povos vizinhos destinado

a suprir suas terras das matérias-primas fundamentais. Forma-se então um grupo de comerciantes, de trabalhadores em transportes e de artesões para trabalhar a matéria-prima, todos eles alimentados pelo restante da sociedade que continuava a produzir alimentos.
Depois surgiram os soldados para proteger os comboios, escribas para registrar os negócios e toda uma gama de funcionários do Estado para conciliar eventuais conflitos de interesses. Aparecem também funcionários religiosos e templos e uma série de cortesões inúteis, familiares e amigos do rei. (PINSKY, 2020, p. 64-65)

Pela citação acima, percebe-se como as relações urbanas estavam imbricadas. O surgimento das cidades-estados leva à integração das populações e, consequentemente, à um projeto em comum e um governo em comum, estabelecendo colaborações fundamentais para a formação das rotas comerciais com os povos vizinhos, diversificação das tarefas e as cadeias de abastecimento de produtos necessários que não existiam no reino.

Segundo o historiador Norberto Luiz Guarinello (2020), existia um intenso processo de integração e complementariedade comercial entre os **povos mediterrânicos** na antiguidade, que provocara também uma intensa troca cultural. De tal forma, é fácil encontrar vestígios de uma grande influência egípcia sobre a Grécia, por exemplo. Inclusive, com os gregos compartilhando alguns deuses egípcios, como a Deusa Isis, a Fênix e a Esfinge, além da influência artística que a região do Nilo exerceu sobre o Egeu

(Grécia). Um indício desta integração comercial no mediterrâneo é a colónia grega de Náucratis no Egito a partir do século VII a. C:

> Um caso particular muito interessante é o da fundação da colônia grega de Náucratis, no delta ocidental do Egito. Foi uma colônia desejada, consentida e até mesmo concebida pelo faraó Psamético, no século VII a. C. por meio dela os egípcios conseguiam ter acesso às redes de trocas que se formavam no mediterrâneo, sem abrir suas fronteiras internas. Os povoadores de Náucratis provinham das mais diferentes origens, sobretudo da costa da Anatólia. Para os egípcios era uma maneira, igualmente, de obter mercadorias gregas para sua luta contra os assírios. Para as populações gregas, que iam e vinham, era uma fonte de renda, mas também de inspirações artísticas e filosóficas. (GUARINELLO, 2020, P. 70)

Segundo o mesmo historiador (p. 71), ânforas gregas eram encontradas nas cidades-estados da fenícia. Do Egito, Assíria e Urartu; artefatos e joias de luxo, confeccionadas em bronze e ouro eram comercializados ou retrabalhados na Grécia, Fenícia e Etrusca, integrando as elites mediterrânicas dos reinos citados por um estilo de vida luxuoso que se retroalimentava. Guarinello destaca ainda a possibilidade das diferenças de valor destes artefatos nas distintas regiões, impulsionar o enriquecimento de comerciantes, por possibilitar um spread entre as diferenças de valor dos produtos nestes mercados.

Todavia, havia também diferenças sobre as relações de troca e não só sobre o valor. Para algumas regiões, por exemplo, é possível que predominasse o escambo, já para outras regiões as trocas de produtos poderiam ser símbolos de amizade entre os povos, em outras ainda, existia uma ou algumas mercadorias especiais que simbolizavam os valores de troca. O gado, por exemplo, era o principal intermediário de valor em algumas regiões mediterrânicas, enquanto para outras, o sal exercia melhor esta função. Por fim, outras ainda, recorriam ao ouro ou a prata como valor de troca mais eficazes. O fato é que não deve ter sido fácil para estes mercadores lidarem com estas diferenças de valores e culturas mercantis. O que aponta para a importância que os impérios exerceram sobre o comércio. Com a integração promovida pelos impérios, um mesmo produto passava a representar o valor de troca em espaços cada vez mais abrangentes.

Moeda de ouro da Lídia, século VII a.C. Disponível em: História do dinheiro: como ele surgiu e sua evolução - HiperCultura. Consultado em 09/04/2022.

O surgimento do comércio foi, portanto, a primeira consequência de mercantilização dos animais e das plantas.

De toda forma, é importante destacarmos ainda que este processo de surgimento de uma interação comercial não é uma ação centralizada em um povo específico, mas que se dar em momentos distintos e intercalados em diversas partes do mundo.

**Os movimentos de integração**

O primeiro milénio antes de Cristo testemunhou o surgimento de três ordens universais em potencial, cujos devotos puderam pela primeira vez imaginar o mundo todo e toda a raça humana como uma unidade governada um único conjunto de leis. Todos eram 'nós', ao menos em potencial. Não havia mais 'eles'. A primeira ordem universal a surgir foi económica: a ordem monetária. A segunda foi política: a ordem imperial. A terceira foi religiosa: a ordcm das religiões universais como o budismo, o cristianismo e o islamismo. (HARARI, 2020, p. 188)

Evidentemente, esta integração que nos fala Harari é relativa, pois se houveram integrações políticas sucessivas, as distinções sociais nunca desapareceram. Assim, na **Mesopotâmia,** mesmo as invasões assírias tento subjugado as cidades-estados sumérias, as distinções sociais não foram suprimidas. Logo, vemos no **Código de Hamurabi**, no primeiro império babilônico, os limites destes movimentos de integração:

196. Se um homem de classe superior cegar o olho de outro homem de classe superior, seu olho deve ser cegado.
197. Se ele quebrar o braço de um homem de classe superior, seu osso deve ser quebrado.
198. Se ele cegar o olho de um homem comum, ou quebrar o osso de um homem comum, deve pesar e pagar sessenta ciclos de prata.
199. Se ele cegar o olho de um escravo de um homem de classe superior, ou quebrar o osso de um escravo de um homem superior, deve pesar e pagar metade do valor do escravo [em prata].
209. Se um homem de classe superior bater numa mulher de classe superior e fizer com que ela aborte, deve pesar e pagar dez siclos de prata por seu feto.
210. Se a mulher morrer, a filha dele deve ser morta.
211. Se ele provocar o aborto de uma mulher da classe comum por bater nela, deve pesar e pagar cinco siclos de prata.

212. Se essa mulher morrer, ele deve pesar e pagar trinta siclos de prata."
(HAMURABI Apud HARARI, 2020, p. 121)

O trecho acima aborda uma questão central, a criação de uma ordem imaginada integradora não tem absolutamente nada a ver com a construção de uma irmandade, mas antes com grandes esquemas de naturalizações de contextos de dominação. A partir da formação dos impérios, a situação de miséria de alguém do mesmo império não incomoda mais ou menos do que incomodava quando o miserável era da cidade-estado vizinha. Ou seja, não existia nada aí que lembrasse os atuais "Direitos Humanos". Para os pobres, os ricos apenas passavam a ser os "nossos" exploradores e, para os ricos, os pobres viravam os "nossos" pobres. Como aparece, por exemplo, no relato do secretário do filósofo Voltaire, que no século XVIII dar conta do comentário de uma nobre francesa, a Madame de Châtelet, que ao ser interpelada sobre se despir na frente de seu camareiro, respondeu que não estava certa de que camareiros fossem homens (HUNT, 2009, p. 78).

Na Lacônia, por exemplo, os dórios a invadiram no século IX a.C e fundaram Esparta subjugando a população local e seus descendentes, transformando os **hilotas** em servos em suas próprias terras. Estes povos subjugados nunca foram tratados como gregos, não compartilhavam nem de longe dos mesmos direitos dos espartanos. Os chamados **hilotas**, assim como os **metecos** em

Atenas, não passavam de párias sociais, tolerados apenas para servir aos seus conquistadores. Logo, a subjugação de povos a uma unidade política mais ampla, poucas vezes ou quase nunca esteve associado a integração e universalização de direitos, mas antes à consolidação de privilégios e distinções de um grupo sobre outros.

> ...muitos pesquisadores entendem que o sistema de castas se formou quando os indo-arianos invadiram o subcontinente há cerca de 3 mil anos, subjugando a população local. Os invasores estabeleceram uma sociedade estratificada em que – obviamente – eles ocupavam as posições superiores (sacerdotes e guerreiros), impondo aos nativos viver como criados e escravos. Sendo pouco numerosos, os invasores temiam perder seu status privilegiado e sua identidade única. Para afastar esse perigo, dividiram a população em castas, cada qual destinada a seguir determinada ocupação ou a desempenhar o seu papel específico na sociedade [...]
> Os governantes proclamam que os sistemas de castas refletia uma realidade cósmica eterna, e não um determinante histórico acidental [...] Hindus devotos foram ensinados que o contato com membros de uma casta diferente podia poluí-los não apenas como indivíduo, mas também toda a sociedade. (Harari, 2020, p. 153-154)

Talvez só em dois momentos esta integração de identidades tenha ocorrido de forma mais significativa na antiguidade: com as expansões macedônicas e romanas. Depois destas, os impérios coloniais parecem muito mais forças de construção de distinções, inclusive com alegações biológicas, do que de integração. Talvez, os processos de "integração" que fala Harari se aplique, e ainda assim palidamente, aos símbolos de valor e padrões monetários de valor, interligando economicamente regiões, mas ainda assim com espaços reivindicando uma centralidade sobre outros.

Por outro lado, é evidente que a conquista de territórios de fato integrou muito mais algumas regiões do que quando estas eram concorrentes politicamente. As conquistas militares findavam as rivalidades comerciais regionais e as integravam, ampliando as complementariedades econômicas, assim como intensificavam a difusão de saberes adquiridos, crenças, correntes de pensamento e idiomas. Neste sentido, mesmo na extremidade da marginalização de grandes setores da sociedade, como nas castas indianas citadas acima, havia ainda relações de aglutinação que se dava por imposição religiosa e linguista, pois ***todo colonialismo, é também um colonialismo epistêmico***. Da mesma forma que todo colonialismo também constrói e difunde saberes. E o que são as conquistas imperiais, se não uma forma de colonialismo? **Alexandria**, no Egito, fundado por Alexandre da Macedônia, por exemplo, virou referência em espaço de concentração de obras do conhecimento acumulado, como de estudos. E de fato, foi um centro de difusão de conhecimento helenístico fantástico, integrando e possibilitando o intercâmbio entre estudiosos e pensamentos da Pérsia, Mesopotâmia, Grécia e do próprio Egito. Estes grandes processos de hibridização cultural foram não só recorrentes na antiguidade, como o são até hoje, como, por exemplo, a influência em curso de expressões do idioma inglês, além dos usos das novas tecnologias em nosso cotidiano, que ganha corpo a partir da influência do imperialismo estadunidense. Mas tal qual acontece hoje, o os domínios macedônicos impunham uma hibridização cultural que seguia de perto muito mais os interesses das elites macedônicas do que das populações medianas do Egito, Pérsia e Mesopotâmia.

Na região do Oriente Médio, Oriente Próximo, Europa e Norte da África, os principais impérios, no sentido de exercer influência sobre outros povos, foram o Egito, o Império Babilônico, Império Persa, a Núbia, a Macedônia/Grécia e o Império Romano, que, evidentemente, mereceriam estudos aprofundados para identificar suas questões mais específicas, no entanto nos contentamos aqui a analisar alguns casos apenas da experiência egípcia.

**O Egito:**

A mais antiga comunidade sedentária encontrada nas margens do Rio Nilo data de aproximadamente 15 mil anos atrás. A 7000 a.C já se plantava sorgo por povos organizados em Nomos nas ribeiras do Nilo, sendo que os primeiros vestígios de uso de cerâmicas nestes mesmos espaços são de aproximadamente 8.350 a. C., enquanto mais ao Sul, no Saara (nesta época, o Saara não era um deserto, mas floresta tropical), há vestígios de cerâmicas de 9300 a.C. Mas foi a 3.200 a. C o movimento mais importante, pois foi por esta época que os nomos foram unificados, formando o reino do Egito. A importância do Rio Nilo para o Egito é central:

> Ao longo de seu extenso canal, o Nilo funciona como um corredor, através do qual os diferentes povos que habitavam as suas margens se relacionam. Da floresta e savanas situadas em sua nascente, ele se projeta para o Norte, recortado por várias cataratas, e atravessa todo o território onde habitavam os povos negros da Núbia, que, em contato com o Egito, deram origem à mais antiga civilização negra da África, Meroé. (Macedo, 2020, p. 25)

O Nilo também era um espaço sagrado, associado à ressureição de **Osiris**, onde **Set**, seu irmão, teria jogado seu corpo esquartejado depois de o assassinar. Não era por acaso que o rio era divinizado, pois o Nilo era determinante para todo o modo de vida egípcio. O rio era, simultaneamente, meio de transporte e o grande fornecedor de todo o sustento das populações ribeirinhas. Ao rio se integrava também o Faraó, que todos os anos precisava jogar em suas águas uma ordem por escrito para que este enchesse. Aliás, os mesmos faraós eram diretamente ligados ao panteão de deuses egípcios. Centralizando esta integração entre religião, geografia e governo, o Faraó era considerado um deus vivo, uma cópia de Osiris na Terra ou a encarnação de **Amon-Rá** (Amen-Rá). Apoiado por uma nobreza, sacerdotes e fiscais da produção e na força militar, a ordem dos Faraós conseguiu manter-se no poder por milénios, sendo que "Ao longo dos tempos, o faraó era identificado com diferentes deuses: de início, ele era o falcão, Horo; depois, Horo-Rá, e no Novo Império, em Tebas, Amon-Rá. Depois de morto, transfigura-se em Osíris." (Pinsky, 2020, p. 95)

As hierarquias sociais da sociedade egípcia também eram bem sólidas. Com uma sociedade **teocêntrica**, onde a religião era a resposta para quase tudo, havia diminutos espaços para a ascensão social. O que significa dizer que quase sempre os filhos seguiam os ofícios e reproduziam as condições sociais de seus pais.


**As camadas de Governo e as construções hierárquicas.**

A centralização administrativa supõe uma máquina eficiente que faça com que as ordens emanadas do faraó cheguem a todo o reino. A própria palavra faraó significa "casa grande", sede da administração, onde tudo emana e para onde tudo converge. Acredita-se que o rei pessoalmente dirigia tudo, não sendo seus ministros senão extensão, seus olhos e ouvidos, sem autonomia para criar ou conceber. Havia a figura do primeiro ministro, que ocupava espaços que o rei, eventualmente, deixasse vazios, por falta de vontade ou talento para governar.

A autoridade regional era o **nomarca,** espécie de governadores que administravam os **nomos,** em número de quarenta, espalhados pelo Egito. Cada aldeia podia eleger o seu líder local e um conselho, composto por representantes de diferentes categorias. [Além desta administração local, também tinham os] (...) funcionários do governo central que vinham constantemente fiscalizar campos, conferir rebanhos, orientar construções ou transmitir normas, de modo a permitir a manutenção de ligação estreita entre o poder central e o mais obscuro dos habitantes. (Pinsky, 2020, p.100)

Ou seja, ao contrário de um governo absurdamente centralizador, como à primeira vista a existência de um governante sagrado pode nos levar a supor, havia toda uma cadeia de relações administrativas no antigo Egito, que interligava lideranças locais ao Faraó. O domínio dos faraós sobre os nomos não os extinguiu, mas se sobrepôs a estes. Sendo assim, os nomos continuavam centrais para a administração, no sentido que as relações mais cotidianas, mas próximas eram relegadas a estes líderes locais, que por sua vez tinham um papel de negociar com os representantes do poder do Faraó.

Mas, o mais significativo de percebermos da passagem acima, assim como das citações sobre as hierarquias sociais na Índia e na Grécia, é a formação de distinções sociais. É evidente que mesmo entre as sociedades de caçadores existiam alguma forma de hierarquia, seja por idade, força física, habilidade na caça ou acesso ao mundo espiritual, ou o conhecimento sobre ervas medicinais. O fato é que não temos como conceber uma sociedade sem alguma forma de hierarquia.

Todavia, a hierarquia econômica, dividindo a sociedade entre aqueles que tem acesso as terras e ao direito de explorar o trabalho de um ou vários segmentos sociais, nasce com os impérios. Foram os faraós que, ao conquistarem os **nomos**, proclamaram-se deuses vivos e senhores de todas as terras, animais e rios, podendo assim conceder aos seus generais e sacerdotes mais próximos o privilégio de se assenhorarem de parte de suas terras e, consequentemente, de seus habitantes, para explorar e construírem suas fortunas. Ironicamente, **distinções sociais** construídas sob a alegação de bondade, justamente por estarem concedendo acesso às suas terras às populações que, por gerações, já estavam estabelecidas nas ribeiras do Nilo. Os conquistadores permitindo assim, através de uma economia do favor, a sobrevivência dos **felás** e a consolidação de seus privilégios pessoais.

## 3.2 A MERCANTILIZAÇÃO DO HOMEM:

Um processo muito semelhante à mercantilização dos animais, citada acima, também aconteceu e acontece entre as relações humanas, sobretudo na questão do trabalho. Nos limites do Mediterrâneo este mesmo processo de transformação das vacas em meios para um fim (meiozicificação dos animais e plantas), foi também aplicado às pessoas a partir do alvorecer das sociedades de mercado europeias, africanas e asiáticas. Assim como ocorreram na Mesoamérica "pré-colombiana."

Na região do Mediterrâneo, a retomada das antigas caravanas comerciais interligando as diversas cidades portuárias da Europa, Ásia e África entre os intervalos das epidemias de peste negra, consolidou um crescente grupo de mercadores que cada vez mais passaram a intercambiar produtos entre as regiões citadas. Mas foi no século XV em diante, a busca das nobrezas europeia por produtos asiáticos e africanos, tais como temperos, perfumes, seda, marfim e ouro, levaram mercadores apoiados por monarcas de Portugal a lançarem-se ao mar a partir da difusão e apropriação na Península Ibérica das tecnologias de navegação árabes[5], como a caravela e astrolábio, ou a bússola chinesa, possibilitando a expansão comercial europeia. Neste contexto as produções eram predominantemente artesanais. O que significa dizer que grandes somas de indivíduos produziam os mais diferentes produtos seguindo critérios muito pessoais e inseridos no labor doméstico. Produtos estes que eram levados às feiras locais ou comprados por mercadores para serem negociados em regiões em que os mesmos produtos não eram comuns. Uma experiência laboral que remonta ao próprio estabelecimento das rotas comerciais na antiguidade, originárias ainda da formação de governos imperiais centralizados, e

---

[5] Com a expansão mulçumana, península Ibérica foi ocupada por califados islâmicos do século VII ao XV.

que se intensificam com a Revolução Islâmica entre os séculos VII e XV.

Todavia, foi no século XVI que a revolução das relações de trabalho começou. Tudo indica que foram os portugueses entre o final do século XV e início do XVI que inventaram a produção em série, bem como o trabalho com divisão e complementariedade entre as tarefas. A mudança definitiva se deu quando mercadores portugueses e italianos, pegando as tecnologias indianas e árabes para a extração do açúcar da cana, passaram a não só intercambiar produtos da África e Ásia, mas a produzi-los em série.

É bom que se diga que a inovação portuguesa aí não foi a invenção de uma tecnologia de extração do açúcar da cana da índia. Como dito, a tecnologia é na verdade indiana e árabe, sendo que já era utilizada desde pelo menos o século V, sendo aprimorada respectivamente pelos árabes, norteafricanos e italianos no século VII em diante. O que os portugueses fizeram no século XV foi pensar em uma forma em maximizar a comercialização do açúcar, para ampliar os lucros sobre ele. Ou seja, a inovação portuguesa é muito mais na organização das relações de exploração do trabalho, do que na invenção de tecnologias para a exploração racional do açúcar.

Primeiro nas ilhas de Açores e costa africana, seguida nas terras da América, pouco depois do chamado "descobrimento" (na verdade, o nome mais adequado para descrever o que representou a chegada de europeus às Américas é a expressão "invasões"), os portugueses introduziram uma nova tecnologia de produção. Ao invés de comercializarem os produtos locais, que normalmente eram produzidos por artesões ou cultivados pelos camponeses nativos, mas sempre em um modo de produção essencialmente doméstico, passaram a cultivar a cana de açúcar e produzir açúcar em larga escala ou a criação de uma teia de comércio global e a expansão marítima, que foram completamente inovadores e romperam todos os valores até ali constituídos, e mesmo assim nenhum destes eventos são definidos pela historiografia como sendo revolucionários, enquanto outros eventos, por serem localizados em países centrais do capitalismo no século XVIII e XIX, mais de uma importância menor, quase como um efeito direto da expansão portuguesa. Mas é as transformações tecnológicas inglesas que são descritas como revoluções.

Do lado de cá do globo, tem-se a impressão de que o solo é impróprio para as revoluções. Ou melhor, a historiografia europeia ao constituir-se sobre o discurso que a define como "a locomotiva do mundo", constrói seu mito progressista que as revoluções são coisas de europeu. No máximo o que existiria no restante do mundo seriam revoluções secundárias, sinônimas ou reflexos dos grandes eventos europeus.

Todavia, se houve uma revolução econômica europeia que mudou definitivamente o mundo, pelo critério de uma hierarquia de importância, foi muito mais a expansão marítima e o novo modo de produção e comércio estabelecido a partir das américas no século XVI, do que qualquer outra posterior. Em nossa visão, o destaque dado à Revolução Industrial como evento transformador do mundo está muito mais associado a uma tradição historiográfica anglocentrada do que propriamente inaugurar uma nova era de transformações, posto que tudo que ela conseguiu foi aprofundar a revolução iniciada no século XVI, e nada mais do que isso.

Esta mudança, da produção açucareira nas colônias, por sua vez, não foi só de escala, na verdade foi uma revolução produtiva, no sentido de que cria a alienação do trabalho, a produção em série e a divisão das tarefas, além de uma parte dos mercadores serem convertidos em "senhores de engenho". Estes últimos se constituíram como "industriais" com a função de intermediar e organizar o ato de produção a partir da exploração do trabalho escravo, e os mercadores que deslocavam estes produtos para a Europa. De tal forma que não se reconhecer o papel central da produção açucareira naquilo que depois ficou conhecido como revolução industrial é de uma seletividade analítica que só posso atribuir à dominação econômica e cultural que posteriormente os ingleses e, mais recentemente, os estadunidenses, vieram a estabelecer sobre o mundo, tendendo a se colocarem como os centros construtores do mundo moderno.

A criação do plantation colonial e dos engenhos de açúcar não trouxeram os elementos urbanizadores que esteve ligado à criação dos engenhos de algodão ingleses, mas foram sim revolucionários. Foi ali que se criou as bases do disciplinamento do trabalho, criando uma cultura do trabalho ligado à completa alienação dele, o disciplinamento do tempo e a coisificação do trabalhador.

A criação do plantation na América portuguesa colonial atendia a uma demanda: suprir a nobreza europeia deslumbrada com a "nova" especiaria: o açúcar. Para os mercadores e senhores de engenho, evidentemente, a finalidade da produção açucareira era outra e não propriamente atender os interesses gastronômicos da nobreza, mas gerar as rendas e multiplicar os capitais empregados no processo. Como já demonstrou Marx, o capital tem a potencialidade de se metamorfosear em qualquer bem desejado, pois goza do simbolismo de ser o bem de troca mor. E foi justamente quando o capital virou o fim, foi quando o trabalhador, ou seja, um outro ser-humano, virou o meio.

No capitalismo era necessário ampliar e maximizar os meios, para somente assim atingir a maximização dos fins. E este processo de maximização da exploração das relações de trabalho desenham-se pela primeira vez no escravismo moderno empregado nos engenhos de açúcar, e não no trabalho industrial, que foi, na verdade, uma adaptação local inglesa de um modo de produção que os portugueses criaram nas suas colônias, em especial no Brasil.

E tal como se fez com as vacas, o capital precisava produzir trabalhadores em série. Precisava ampliar os meios. Com este intuito, a primeira ação dos mercadores e senhores de engenho foi coisificar pessoas, no sentido de as despir da condição humana, para as transformar em objetos de reprodução do capital na labuta adocicada da produção açucareira. Mas diferentemente das vacas, que são de uma outra espécie, coisificar pessoas necessitava de novos mecanismos mentais, novas ficções que não estava necessariamente ligada à técnica de produção ou um processo de disciplinamento do tempo, mas a classificação dos indivíduos pelo critério da raça. A classificação dos indivíduos pela cor, como nos lembrou Quijano, cria a justificativa para desumanizar o outro e o transformar em um combustível no processo produtivo.

O interessante que o processo de coisificação de pessoas para os transformar em mercadoria: como o corrido com os escravizados africanos, segue um caminho inverso ao processo de coisificação dos animais. Se neste último caso, para coisificar os animais foi preciso distingui-los dos humanos, os colocando como seres à disposição da exploração humana. Inventou-se assim uma "natureza humana" oposta à dos demais seres vivos. Já o processo de desumanização das populações não europeias representou justamente a exclusão destas populações desta citada condição privilegiada que os humanos havia se autoatribuído: a de senhores do mundo, os feitos a imagem e semelhança de Deus. Ou seja, a modernidade voltou a aproximar assim estes grupos humanos marginalizados aos demais animais, mais não como um reconhecimento de incongruência desta tese, mas o contrário. A desumanização dos não-europeus sacramentava a tese de distinção da natureza humana da dos demais animais ao rebaixar a condição humana dos demais povos, ao passo que mantinha esta condição para os europeus.

Neste sentido, somente com a racialização da humanidade foi possível criar uma força contrária ao discurso humanista que surgia também na modernidade, que propunha uma história humana única e o compartilhamento de um mesmo destino, bem como uma natureza humana distinta da natureza enquanto restante da existência no planeta. A racialização, inclusive, mostrou-se mais influente do que o processo de integração religiosa que estava em curso com as expansões das religiões monoteístas desde a cristianização da Europa pelos impérios Romano, Merovíngio e Carolíngio.

Concordando com Aníbal Quijano, pensamos que não houve uma hierarquização qualitativa entre as diferentes formas de trabalho produzidas pelo capital, mas a adaptação destas às relações de interesses em curso em cada região. Neste sentido, quando a experiência de racialização possibilitada pela colonização da América e o estabelecimento de feitorias e colônias na África entrou em curso, a cor da pele passou a justificar a ideologia das raças. A ideia de raça então surge como uma tecnologia mental desenvolvida para justificar a coisificação necessária cobrada pela produção em larga escala de trabalhadores para os engenhos de açúcar.

Ali, nas Américas, foi necessário tanto se inventar os conceitos de negros e índios, para só então os desumanizar e os transformar em um combustível para a reprodução do capital. Só assim, só com um processo de desumanização do outro, foi possível a exploração do trabalho até os limites da força humana em um mundo que convivia simultaneamente com os processos de integrações religiosas e filosóficas, que tendiam a pensar a humanidade como uma unidade. Então estas integrações foram substituídas pela ideia de progresso ou civilidade, que por sua vez estabelecia uma escala de maior e menor êxito cultural, bem como uma classificação pela cor, relegando tudo que não era europeu à condição de raças primitivas: o negro, o amarelo, o mouro e os mestiços.

Possivelmente foi a invenção da categoria de raça que, se não evitou, ao menos limitou uma diáspora de africanos também para Europa. Pois, se não fosse a "raça" e o racismo, era bem possível que a mão de obra a ser adotada na fase europeia da Revolução Industrial também fosse a negra. Mas a racialização pressupunha a ideia de superioridade branca, que uma vez criada não pode mais ser abandonada sem por em risco a existência das colônias. Sendo assim, a ideia de uma superioridade branca freou uma possível diáspora africana também para a Europa, encarado como uma possível "inferiorização" das populações europeias. Além disso, a permanência de um tráfico negreiro para a Europa implicaria a marginalização completa dos pobres locais ao sistema capitalista.

Na Europa, foi preciso se criar uma segunda categoria: o operário, que já não era o campesino, nem o artesão ou muito menos o burguês. Ora, as distinções por nascimento estavam em desuso com o avanço do racionalismo e a crise do Antigo Regime. Do século XVII ao XVIII dois reis, literalmente, haviam perdido a cabeça no velho mundo e os "sangues azuis" lusitanos claramente perdiam espaço para os senhores do mercado. Era preciso pensar uma distinção que melhor fizesse jus tanto às especificidades locais, bem como aos interesses mercantis. Era preciso também coisificar os pobres locais. Por meios distintos da ideia de raça nas américas, a "classificação" dos pobres como proletário na Europa, funcionou como uma coisificação por outros meios. Se a ideia de raça embasasse na presunção de existência de um superior e outro inferior, a ideia de classe parte da premissa de autocoisificação ou a coisificação de si mesmo, no sentido de que o indivíduo é levado a vender seu tempo de trabalho. Portanto, também tornando-se um meio para um fim, onde seu corpo é o seu meio. Para o forçar a aceitar a nova condição que lhe era destinada, sua recompensa era reduzida ao limite da subsistência, para assim o operário precisar trabalhar todos os dias da semana (HOBSBAWM, 2020, p. 92).

Das Américas da produção açucareira à Europa das manufaturas de tecido, o trabalho, ou melhor, o trabalhador, foi transformado em mercadoria no grande sistema global do capitalismo. Seja uma mercadoria de terceiros, como o era o trabalhador escravizado, seja como uma mercadoria de si, como o trabalhador assalariado. De toda forma, uma mercadoria. Pois na lógica capitalista que se formava, o trabalhador se tornava uma espécie de ativo gerador de valor ao empregador. Portanto, uma espécie de mercadoria, uma vez que sua função é gerar lucro ao patrão, tal qual os objetos produzidos ou os serviços prestados. Enquanto "objeto" gerador de valor, é facilmente substituível por outro em decorrência do sempre grande excedente de mão de obra disponível no mercado. Logo, caso este trabalhador torne-se um ativo menos eficaz, a lógica empresarial é substituí-lo por outro mais adequado às metas de produção. Neste sentido, *ao trabalhador, enquanto ativo gerador de valor, a meta a atingir com seu esforço é perpétua, o que faz com que, caso este munido de um esforço sobre-humano gere em um ano um valor bem acima da média ao seu empregador, e a partir daí, no ano seguinte, pense em contemplar o seu feito e relaxar um pouco mais, passando a gerar valores abaixo da média de produtividade, o empregador não hesitará em substituí-lo por outro mais "eficaz".* Logo, ao trabalhador não é admissível contemplar seus feitos passados, pois seu esforço nunca será o suficiente, não importa o quão desgastante tenha sido no passado. O que faz com que os trabalhadores, na condição de trabalhador, só tenham presente. Um perpétuo e desgastante presente, pelo menos até o momento que seu corpo não mais consiga atingir as metas de produtividade.

# 4. MUNDOS CONECTADOS: DOMINAÇÃO E MUNDIALIZAÇÃO NO MUNDO MODERNO.

Falar de mundialização na modernidade é um tema vasto e que, como tal, pode levar à disgreções pouco frutíferas. Porém alguns breves "desvios" se faz necessário, até porque alguns autores que não necessariamente refletiram sobre o processo de mundialização, como é o caso por exemplo do suíço Jacob BurcKhardt que escreve especificamente sobre o Renascimento, será de importância fundamental para se entender o discurso positivo sobre a ideia de "modernidade" como o é este recorte temporal que vai do século XV em diante. Estranha modernidade a de BurcKhardt, pois concebe uma Europa autossuficiente, como se esta se bastasse, justamente quando analisa a época em que esta mesma Europa se lançava ao mar para os mais diferentes sentidos e espaços para descobrir que o mundo existia. Porém, se de fato, o mundo anterior ao século XV mantinha espaços isolados entre si, como o eram os continentes da América e Oceania em relação ao mundo euro-afro-asiático, internamente entre estes espaços, o isolamento nunca foi determinante. Na América, a circulação e os contatos entre os povos eram comuns antes da chegada europeia ao continente, pois existem vestígios de povos náuatles e outras sociedades entre a América do Norte e Central, mantendo intensos contatos econômicos e de influência cultural, inclusive com a adoção de deuses de um povo para outro, a mesma coisa no que se refere aos incas. Na américa portuguesa, por exemplo, a existência de diversos idiomas do tronco Tupi, assim como os idiomas náuatles, são sintomas desta característica. No mundo afro-euro-asiático, em especial na região do Mediterrânico as histórias de interações comerciais remontam à idade do bronze e o surgimento das primeiras cidades-estados, prática intensificada com o surgimento dos grandes impérios ou de colonizações como as colônias gregas que chegaram até a península itálica, ou ainda de ocupações dos hicsos sobre o Egito, do Egito sobre a Núbia e vice-versa, da Macedônia sobre a Pérsia, Egito, Mesopotâmia e daí por diante. A tal ponto que era possível encontrar ânforas gregas no Egito, ou joias fenícias na Grécia. No entanto, é no século XV que de fato este contato atinge todas as partes do mundo.

De fato, foi a partir da Expansão Marítima europeia, que todas as partes do orbe foram conectadas. Para entendermos este processo e algumas das teorias que procuram explicá-lo ou questionar a ideia de integração, analisaremos alguns discursos a respeito.

Dentre estes, possivelmente uma das interpretações mais sólidas e influentes dos últimos 50 anos, foi o trabalho do sociólogo estadunidense Immanuel Wallerstein na obra "A Formação do Sistema Mundo Moderno" de 1975. Trabalho no qual o autor tenta identificar os elementos que levaram a formação de um sistema econômico mundial. Para Wallerstein, a modernidade terá como sua característica central a integração e complementariedade econômica.

Além de Wallerstein, analisaremos também autores que discutem a ideia de mestiçagen como o francês Serge Gruzinski, Frederico Navarrati Leñares e Jorge Cañizaris, especialmente o impacto dessa mundialização na formação de uma percepção global a partir das populações nativas da América espanhola.

Indo para uma outra corrente interpretativa, analisaremos as contribuições de historiadores como Eduard Said e Anibal Quijano, assim como das formulações de Frantz Fanon para o discurso modernista.

## O discurso modernista.

A partir da expansão marítima europeia cresceram também os discursos de afirmação de um modelo europeu de civilidade. Principalmente a partir do século XIX, através de trabalhos como o do Estadunidense Willian H Prescott ou do suíço Jacob Burckhardt. O primeiro escreveu dentre outros dois trabalhos que se tornaram beste céleres dos dois lados do Oceano Atlântico: "A Conquista do México" e "A Conquista do Peru". Nestas obras, Prescott descreve Hernan Cortês e Francisco Pizarro como homens excepcionais, que com um punhado de homens conseguiram subjugar milhares de indígenas, além de descrever os astecas e Montezuma como idólatras que acreditavam que os espanhóis eram deuses. Na definição de Prescott, Cortês e Pizarro venceram por não existir outro resultado possível, pois a civilização sempre vence a barbárie. O Historiador do Texas consolida não só muitas das visões sobre a colonização, como é fundamental para entendermos o discurso europeu sobre a expansão e mundialização. A Europa do século XV ao início do XX vai largamente propagar a ideia que ela promove um processo de transformação civilizacional no mundo. Levando suas ideias, cultura e instituições aos demais povos, que os recebiam de forma passiva. Esta visão é complementada, de uma certa forma, por análises como as de Burckhardt. O citado historiador suíço analisando o Renascimento, o descreve como o momento de formação do pensamento moderno, justamente por ter surgido ali o individualismo, humanismo e a racionalidade moderna, marcada pela valorização do conhecimento em contrapartida ao misticismo e ignorância em que, segundo este, vivia o homem medieval. Como aponta Burke, quando surge o conceito de humanismo este está ligado à prática de estudos como os do latim, literatura, retórica e história. Mas não demorou para o discurso humanista virar também a ideia de que a humanidade compartilhava de uma mesma história a ser guiada pelos povos mais civilizados que, no caso, eram os europeus. Em outras palavras, a Europa começava a avaliar o mundo como um amontoado de povos não civilizados ou em graus de civilidade menores do que ela, e passou-se cada vez mais a entender civilização como a equiparação ao seu modelo de organização social, pois os modelos autóctones de organização eram inferiores, não civilizados. Nesta premissa, partia-se do princípio de que a Europa civilizava o mundo, ou seja, levava sua cultura para o mundo, a racionalidade, a literatura, filosofia, mas não o contrário. O principal problema desta formulação, além do claro preconceito e eurocentrismo da mesma, é que ela não corresponde em nada à realidade. Se por um lado é verdade e até mesmo inegável que há uma crescente influência europeia sobre os demais povos, também é verdade que a Europa sempre esteve sujeita às influências externas, da mesma forma como influenciou.

Já no século VII a revolução e expansão islâmica irão impactar toda a Europa mediterrânica, além da Península Ibérica, que por sua vez estiveram sobre o domínio e influência árabe do século VIII ao XV, tendo inclusive várias palavras em português e espanhol que são de origem árabe. Neste mesmo sentido, os árabes introduziram na Europa o sistema de numeração Hindu, além de tecnologias como a bússola chinesa, o quadrante e astrolábio, introduziram o papel de celulose também chinês, além dos temperos, o açúcar e as técnicas para produzi-lo, bem como a pólvora e os primeiros canhões, no mesmo instante que amorenavam a fisionomia do português e espanhol médio. Bem como o contato dos portugueses com os povos africanos introduziu na língua lusa várias palavras de origem banto, assim como as línguas tupis fizeram posteriormente. Portanto a Europa da Idade Moderna era na verdade um grupo de sociedades marcadamente mestiças, carregadas de tecnologias, palavras, formulações conceituais de origem estrangeira. Logo, a descrição de um processo de "europeização" do mundo como costuma ser definido nas ciências humanas precisa ser revisto, se não refutado, tomando como base os argumentos supracitados, bem como por não haver uma aculturação sem aquele que recebe a cultura o faça a partir de seus interesses, bem como não há aculturação de mão única.

Pegando esta premissa, o livro "O Bazar do Renascimento", do historiador e professor da Universidade de Londres, Jerry Brotton, por exemplo, traz de forma muito viva e didática como se davam as interações entre europeus, árabes e otomanos, descrevendo uma intensa circulação comercial, alianças e tratados que iam bem além da tradicional imagem de rivalidades. Segundo estes, a tomada de Constantinopla pelo sultão Mehmed II não isolou o Oriente Média da Europa do século XV. Para o historiador da Universidade de Londres o que os otomanos fizeram foi organizar e explorar o comércio na região. O que significava cobrar pedágios e taxas que encarecia os produtos no mercado europeu. Sendo justamente este aumento nos custos das especiarias e demais produtos que precisavam passar pelas terras agora otomanas, que levam os portugueses a irem às ilhas de Canárias e Madeira, assim como a costa africana, para intercambiarem diretamente com os reinos e povos saarianos o oro, marfim e escravos da região. Resultando, posteriormente, nas Grandes Navegações rumo ao Oriente.

Por outro lado, ne questão de trocas culturais, o autor lembra a presença de artistas italianos, holandeses e alemães nas cortes otomanas. Como por exemplo a pintura de 1479 que Gentile Bellini fez de Mehmend, o sultão que conquistou Constantinopla. A mesma coisa nas interações políticas. Bretton lembra, por exemplo, que a monarquia inglesa não hesitou em aliar-se com os Otomanos, bem como e principalmente em colocarem-se como vassalos destes para assim conseguirem apoio na guerra da Inglaterra contra a Espanha e na disputa para enfraquecer o papado católico.

Visões econômicas sobre a mundialização.

O sociólogo estadunidense Immanuel Wallerstein criou da década de 1970 uma das teorias mais influentes sobre a mundialização. Segundo o pesquisador estadunidense, o século XV será marcado pela integração dos sistemas econômicos e existentes até então, unindo as terras da Mesoamérica, Brasil, Chile, Sul da Europa e Europa central, além de partes da Índia, Japão e China em um mesmo sistema econômico complementar. Na definição de Wallerstein, esta integração dar-se de forma eminentemente econômica, estabelecendo uma relação de centro e periferia, onde a economia de uma região complementa a de outra, mas por outro lado, esta "complementariedade" não se dar de forma igual, mas de dependência. Complementando a formulação de Wallerstein é fácil constatar os ecos deste grande processo de integração, ao mesmo tempo em que culturas ameríndias como o cultivo do milho, da batata, abóboras, mandioca, amendoim, a produção do chocolate, além do cultivo e consumo recreativo do fumo, dentre muitos outros legumes, frutas e hortaliças, originários do continente americano inseriram-se em hábitos culinários e recreativos internacionais; no lado inverso as Américas recebiam cereais como o arroz, o trigo, além de animais como os cães e gatos domésticos, porcos, galinhas, cabras, bovinos e equinos, que, claro, também modificava drasticamente as formas de se alimentarem das populações locais. Bem como valores culturais e religiosos cristãos e africanos que se rearranjavam das mais diferentes formas com as crenças locais.

Segundo Peter Linebaugh e Marcus Rediker as histórias de comunidades sem labutas, leis, juízes e livros chegaram na Europa transportadas por marinheiros criando um mito de uma terra de utopias, crenças que se mesclavam com os nascedouros interesses comunais dos trabalhadores urbanos da Inglaterra e fundaram os ideais comunistas e igualitários do velho mundo. Neste mesmo sentido, os autores também destacam como o convívio nos navios e portos criavam comunidades internacionais, formado por marinheiros originários de diferentes regiões do globo, de tal forma que em um navio navegando sobre a bandeira inglesa poderia existir marinheiros originários dos povos náuatles do México, de Angola e da Irlanda falando dialetos que integravam expressões e conceitos de todas essas regiões.

Wallerstein também trabalha com a ideia de países centrais e países ou economias periféricas no capitalismo, onde os países ou economias centrais seriam aquelas que trabalham com as produções mais lucrativas, enquanto as economias periféricas seria o grupo de países que produzem matéria prima ou é convertido em mercado consumidor para o primeiro grupo. Neste sentido, há alguns pontos complementares entre a tese de Wallerstein e o conceito de dependência econômica de Fernando Henrique Cardoso, entendendo que as economias dos países dependentes estabelecem uma complementariedade às economias centrais, mas de forma desvantajosa, consumindo produtos com maior valor agregado, portanto com um maior potencial de geração de riquezas, e vendendo produtos predominantemente com pouco valor agregado, como o são as matérias primas. Na teoria da dependência, apesar de defender que não há um só caminho para o desenvolvimento econômico, rompendo com a visão linear de só existe uma história, também formula que há um grande esquema de controle financeiro das regiões economicamente mais influentes sobre as regiões periféricas. Modelo este que começa com a expansão Marítima do século XV.

## Mestiçagem e globalização

Durante o século XIX e início do XX a ideia de mestiçagem era largamente vista de forma pejorativa, pois era predominante as teorias eugenistas e racistas, que viam o mestiço como um grupo ético que herdava as características daquilo que era chamado de raças inferiores, sem chegar as características dos brancos. Na literatura brasileira, estas formulações estão presentes tanto em Euclides da Cunha como em Monteiro Lobato. Uma das primeiras formulações, não só do Brasil, mas do mundo, que procurou dá um sentido positivo a miscigenação foi Gilberto Freyre. Evidentemente que o sociólogo pernambucano, como já largamente apontado por seus críticos, consolidou verdadeiros mitos racistas no Brasil, como a ideia de "democracia racial", mas também vai ver como positivo a mestiçagem, sendo esta não um fator de degradação da sociedade brasileira, mas sua virtude, sua identidade. Tese que é repetida majestosamente resgatada posteriormente por Darcy Ribeiro em seu texto "O povo brasileiro". Em ambos os trabalhos se destacam as relações sincréticas e de "hibridização" não só ética, mas de culturas, resultando daí uma sociedade nova, essencialmente culturalmente mestiça.

Nesta leitura, apesar de não haver nas mesmas um enfoque de interpretação da história global, mas nacional, entende a formação de um sistema mundo como o foi o implementado nas Américas pela colonização, promotor de um intenso processo de amalgamação de características locais com valores e interpretações do mundo todo.

Mas recentemente o indiano Homi Bhabha e o francês Serge Gruziski adotaram uma visão da mestiçagem ou miscigenação associada não a análise de uma região em específico, mas como a análise de uma época como a modernidade. Para Gruziski a mestiçagem será a característica da modernidade, promovida justamente pelo intenso processo de integração das diferentes regiões do mundo que decorre a partir da colonização, mas se intensifica no decorrer dos anos. Gruzinski, por exemplo, abre seu livro "As quatro partes do mundo" destacando como a notícia dos atentados as Torres do World Trade Center em 2001, comparando como os argentinos de Buenos Aires e as populações do Pará, no Brasil, lideram com o mesmo acontecido. Os argentinos pegaram a data e horário dos atentados e os transformaram em números para apostas de azar, enquanto no Pará a igreja da cidade de Belém, juntamente com a prefeitura organizou uma manifestação de rua seguindo a Virgem Maria e pedindo paz ao mundo. O autor destaca como as informações circulam em um mundo conectado, ao ponto de um evento em Nova Iorque ser apropriado e inserido no cotidiano de jogadores argentinos e do sistema de crenças e ritos religiosos de Belém.

Comentando uma notícia da imprensa dos EUA sobre o mesmo 11 de setembro, onde o autor destaca que os terroristas mesmo convivendo com os valores americanos, tendo acesso ao consumismo local, a tecnologia, conviveram de forma insuspeita seguindo todo o estilo de vida dos Estados Unidos e, ainda assim, promoveram o atentado, destaca o que este define como mestiçagem, onde os membros da Al-Qaeda justamente por promoverem uma mestiçagem cultural e não uma integração à cultura americana, podem rebelar-se e reagir a resistir contra aquilo que discordam. Talvez a epigrafe com a qual o autor encerre seu livro ilustre melhor esta ideia, citando Mario de Andrade em seu "sou um tupinambá tangendo um alaúde", o autor destaca de a mestiçagem representa justamente a inserção de valores e práticas culturais estrangeiras no modo de vida local.

Para Gruzinski essa interação do mundo ganhou corpo a partir, justamente, da expansão marítima e da colonização, promovendo uma nova relação de mestiçagem que interligava as diferentes partes do mundo. Evidentemente Gruzinski reconhece que o processo de mundialização também promoveu uma marginalização de alguns e o privilégio de outros, todavia não ver estas questões como determinantes ou como suas características centrais, mas antes a interação citada. Por exemplo, falando do que encontrou no diário de um indígena náuatle do México, destaca que este cita com detalhes o assassinato do rei francês Henrique IV, ao mesmo tempo que comemora a ordenação de um bispo mestiço de origem indígena. Com estes exemplos o historiador francês sustenta sua tese de que a modernidade é marcada antes de tudo por um grande processo de mestiçagem, possibilitando um nativo asteca acompanhar um fato ocorrido na França como se fosse um evento de seu convívio, ao passo que celebra a nomeação de um vizinho a um posto de uma instituição religiosa multinacional com sede no Vaticano, Itália, sem deixar de ser asteca.

A mesma ideia de uma organização com base da interação de partes que até então eram isoladas aparece também em Homi Bhabha, no entanto a partir de premissas distintas, pois Bhabha trabalha com a ideia de que exista uma só modernidade, sendo a sua pretensão justamente identificar como esta modernidade se dá nos espaços que até então eram definidas como periféricas, Terceiro Mundo ou regiões em desenvolvimento, entendendo a modernidade como um só fenômeno. Porém Bhabha também convida ao intelectual pós-colonial a resistir às explicações holísticas, respeitando as fronteiras culturais, mas também analisando os locais de interação, de hibridização, como regiões portuárias, embarcações e comunidades que servem de ponto de fronteira cultural e de contato das regiões distintas. Diferentemente de Grunziski, Homi Bhabha não fala em mestiçagem, mas antes em hibridização, no entanto, apesar das críticas de pensadores brasileiros por a proximidade do termo mestiçagem à nossa tradição freyriana, os sentidos entre os dois termos na prática não é tão distante, pois ambos querem dizer praticamente a mesma ideia, sendo que o termo mestiçagem tem um pé mais sólido na nossa tradição historiográfica, enquanto o termo hibridismo vem da tradição da américa hispânica. Seja mestiçagem ou a hibridização, o que estes autores estão falando, grosso modo, é dos contatos e assimilações recíprocas entre culturas.

### A virada decolonial e a pos-colonialidade.

Em meados do século XX uma série de revisões ao discurso humanista e modernista começou a ganhar corpo, passaram então a surgir grupos de pesquisadores propondo rever uma historiografia e concepções de civilidade demasiadamente eurocentrados, para se pensar o processo de modernização a partir dos povos até ali "subalternizados". Neste processo, os chamados estudos pós-coloniais tornaram-se centrais nestas revisões, em especial as interpretações estruturalistas e posturas que tentavam dar conta de uma história mundial, que sempre colocava a Europa como a grande protagonista da História humana. Para as análises pós-colonialistas, as abordagens da história e literatura da Europa construíram um discurso que a firmava a história europeia como sendo a locomotiva civilizacional do mundo, a grande região vanguardista a ser seguida por todas as demais, enquanto as características europeias eram descritas como racionais, progressistas e civilizadas, consolidado justamente com estas características o ideário da "ocidentalidade", criou também seu antípoda: o orientalismo. Se o homem ocidental moderno era descrito como o civilizado, o racional, ligado a lógica e a ciência, o "oriental" era definido como o exótico, aquele muito mais ligado aos extintos do que a razão, o fanático ou místico, ou o traiçoeiro que não inspira confiança.

Um dos primeiros intelectuais identificar o que ficou conhecido como "orientalismo" foi o crítico literário palestino Edward Said, que parte da premissa de que o europeu inventou a ideia de oriente justamente como seu antípoda, inclusive criando a profissão de "orientalista", que era entendido como um especialista nos assuntos orientais, sempre abordando o oriente como uma generalização que integrava em um só conceito, palestinos, turcos, indianos, chineses, japoneses etc. Ou seja, uma só palavra que engloba uma vastidão de povos e culturas.

Um movimento semelhante também surgiu na América Latina, que assim como o primeiro, vai questionar as produções e interpretações generalistas com base em conceitos europeus. No caso, este movimento ficou conhecido como "decolonial", que pode ser entendido como um esforço de descolonizar o pensamento. Entre os autores mais celebrados desta corrente de pensamento, destacam se o martinicano Frantz Fanon e o Chileno Anibal Quijano. O movimento decolonial passou a defender que o discurso humanista e a ação europeia voltavam-se antes para o que Quijano chama de colonialidade do poder, a partir de um conjunto de ações colonialistas marcadas pela pretensão dominação não só econômica, mas também cultural e epistemológica, como os padrões de beleza associado aos estereótipos brancos e a ideia de êxito ligado à lógica de mercado capitalista. Nesta lógica, a modernidade então teria criado o racismo, dividindo a humanidade em subcategorias, onde todos os grupos não brancos compunham a condição de uma sub-humanidade ou antípodas do europeu. Diferentemente do que defende Said, no entanto, Anibal Quijano entende que o primeiro antípoda ao europeu na modernidade foram os nativos ameríndios e não o oriental. Uma ação que para além da mera divisão internacional do trabalho, também é marcada pela invenção do conceito de raça, justamente para afirmar o modo de vida europeu e colonização sobre os povos não brancos, de tal forma que com o passar dos anos, a racialização implementada inicialmente nas Américas ganhou novos espaços, sendo aplicada às populações negras, asiáticas, arábicas e oceânicas.

A virada "decolonial", portanto, propõe estudar a história a partir da perspectiva local, evitando temas globais para assim escapar das grandes generalizações. Neste sentido, a pontos no mínimo contraditórios entre as visões decolonial e de mestiçagem. O que por outro lado não se aplica às leituras pós-coloniais, muito mais voltados para narrativas de pontos de hibridização, como o são os ensaios promovidos por Bhabha, ou de questões conceituais amplas, como as produções de Achille Mbembe sobre o devir negro no mundo, ou seu conceito de "necropolítica" muito referendado na tese de "biopoder" de Foucault. De tal forma que encontramos textos como do indiano Homi Bhabha que tanto analise o discurso eurocêntrico de construção da "do imaginário europeu sobre o Oriente", como analise os espaços de interação, negociação e mestiçagem de diferentes valores, como o são os portos e navios.

Frantz Fanon, por sua vez, em sua obra "Pele negra, mascara branca", analisando os esforços dos argelinos para atingirem os símbolos locais de aceitação da maioria na Argélia, percebe que estes mecanismos simbólicos de aceitação estavam justamente relacionados com o nível de integração do argelino à cultura francesa. Então os jovens argelinos abandonavam seu idiomas crioulos para tentarem se aproximar o máximo possível da língua do francês da França, onde o falar com o sotaque virava motivo de exclusão do grupo, enquanto o "ter ido a França", por outro lado, era símbolo máximo de prestígio. Logo, Fanon adota uma postura de crítica, entendendo o esforço do argelino que busca os códigos de aceitação social do grupo como uma interiorização do racismo através do esforço de se distanciar daquilo que lembra as origens negras. O que é bem diferente de uma abordagem como a de Serge Gruzinski, que tende a ver esta questão como um processo de hibridização cultural promovida pela modernidade, sem entrar no mérito das questões raciais ou excludentes.

Considerações finais

Para além de contraditória, pensamos que as diferentes visões sobre a formação de uma mundialização são complementares, analisando diferentes pontos de perspectivas que não se anulam, mas se iluminam mutuamente. Se é verdade que a visão de Gruzinski sobre a formação de uma cultura mestiça nas américas coloniais tem um caráter menos corrosivo, no sentido de não procurar denunciar as relações de exploração do processo colonial, ou pelo menos não é este seu objeto de análise, ou mesmo as análises de Immanuel Wallerstein sobre a formação do sistema mundo moderno, que concentra-se demasiadamente nos processos de integração econômica, chamando a nossa atenção mais para as formas de integração e complementaridade, circulação e adaptação das economias locais à este novo sistema global, bem à moda do estruturalismo, as produção pós-coloniais e decoloniais trarão a criticidade necessária pra entendemos demasiadamente o processo de colonização não como uma ação neutra, mas que visava subjugar, reorganizar e disciplinar populações inteiras, as adequando aos interesses econômicos de corporações e organizações políticas da Europa. É claro, evidentemente, que sabedor desta colonialidade do poder instituído sobre o mundo todo, não diminui nossa capacidade de reconhecer que, de fato, a formação do sistema mundo realmente criou espaços de hibridização espetaculares, inclusive criando uma base alimentar internacional com a mundialização do consumo de cereais como o trigo, o milho, o arroz ou do açúcar e chocolate e as criações de animais como bois, porcos e galinhas. Enfim, uma leitura conjunta dos autores aqui citados ao invés de serem contraditórias, são essencialmente complementares para se entender as diferentes nuances da modernidade.

# 5. FUNDAMENTOS ECONÔMICOS E POLÍTICOS DA COLONIZAÇÃO PORTUGUESA.

Não é verdade que haja uma diferença precisa entre o que é chamado de Idade Média e a chamada Idade Moderna. Aliás, como o é em todos os marcos de recortes cronológicos, no sentido de que, como já nos lembrou Braudel, o tempo é múltiplo e as passagens das coisas se dão em temporalidades distintas. Sendo assim, há vários elementos da chamada Idade Média que coexistem com práticas de pensamento moderno, assim como a práticas de pensamento que foram definidas como modernas mas que surgiram na Baixa Idade Média, como há continuidades de pensamento teológico medieval que perduram até nossos dias. A exemplo da senhora ou senhor que agradece a Deus pela chuva, ou pelo sucesso do filho nos estudos, passando aos ritos e símbolos da missa dominical, aos fundamentos institucionais religiosos que dominam o mundo hoje em dia: cristianismo, islamismo e judaísmo (esta última ainda mais antiga), são igrejas que tiveram papeis centrais na formação da cultura medieval.

Historiadores como o francês Jacques Le Goff, por exemplo, vão denominar estas continuidades de valores e práticas medievais no transcorrer da chamada Idade Moderna e mesmo na Idade Contemporânea, de Longa Idade Média, que por sua vez apresentar-se-ia, por exemplo, na persistência da crença na divindade do Rei, expressa por exemplo nos ritos de toque real estudados por Marc Bloch, durante a Idade Moderna; assim como a divisão da sociedade em ordens privilegiadas como o Clero, Nobreza e Povo que continuou existindo até o alvorecer da Revolução Francesa. Evidentemente, o grande espaços mor de permanência de tradições medievais era e é, sem dúvidas, a Igreja Católica.

Por outro lado, também não é de todo verdade que a modernidade trouxe consigo a formação ou ampliação das relações de comércio entre os povos da Europa e as regiões do Oriente Médio e Norte da África. Na verdade, nunca deixou de existir um intercâmbio tanto cultural como econômico em toda a região mediterrânica. Logo, não há propriamente um renascimento comercial, mas antes, momentos de maior e menor intensificação das relações de comércio. Então, se é assim, não há uma diferenciação fundamental entre a Idade Média e a Modernidade? Sim, há: a expansão marítima e a formação do "sistema mundo moderno", para pegarmos a definição de Immanuel Wallerstein, bem como a mentalidade formulada a partir deste acontecimento.

Desde o final da Idade Média, viajantes como Marco Polo descreveram sociedades como o lendário reino de Prestes João e as maravilhas orientais, mas foi só no século XV que deu-se de uma forma mais consistente um esforço amplo de se estabelecer uma rota comercial através do Mar com o Oriente, com uma sucessão de idas de mercadores portugueses por toda a costa africana até a Ásia, assim como o estabelecimento de uma rota comercial com o Oriente, os portugueses desenharam o sistema mundo e estabeleceram uma nova era mundial interligando regiões que, até então, eram isoladas, bem como criando um sistema econômico mundial.

No século XV a existência deste comércio intercontinental no mediterrâneo, portanto, não era uma novidade. Todavia, a expansão marítima, sim. Ou seja, a expansão das trocas comerciais a escalas inimagináveis. Especiarias como a pimenta e o cravo moviam a cobiça destes aventureiros e dos impérios, e os impeliram a cruzarem "os mares nunca dantes navegáveis" rumo ao rendoso comércio de especiarias e, consequentemente, regiões até então isoladas ao mundo europeu.

Contando com o apoio da monarquia portuguesa, os mercadores da península Ibérica organizados por navegadores que vinham de todo o Sul da Europa, em especial das cidades-estados italianas, foram paulatinamente mapeando, e estabelecendo feitorias em pontos estratégicos ao longo da Costa Africana, até que em 1497, Vasco da Gama estabeleceu uma rota da Europa para as Índias. Poucos anos antes, Cristóvão Colombo chegava às Américas e as integrava ao novo sistema econômico.

Segundo Immanuel Wallerstein as navegações criaram o princípio de um sistema econômico mundial, no sentido de se estabelecer não só um comércio mundial, mas sobretudo uma especialização de regiões em determinadas atividades econômicas, a complementariedade entre as diferentes regiões e uma hierarquia econômica global, estabelecendo um bolo de países como núcleo central do sistema e as suas respectivas periferias.

Logo, ao analisarmos a formação de uma colônia portuguesa nas Américas, temos que compreendê-la como inevitavelmente inserida nesta lógica econômica moderna do sistema mundo. Ou seja, inserida em uma nascente interação e complementariedade ao referido sistema, onde tanto a metrópole como as colônias terão papeis bem definidos. No caso da colônia, gerar riquezas e oportunidades de acumulação de capital a serem concentrados em suas metrópoles.

Sendo assim, a colonização portuguesa nas américas, assim como ocorreu em outras colônias, tinha como um de seus pilares o estabelecimento de uma empresa colonial. Ou seja, na geração de riquezas para o império português, convertida em tributações e novos negócios a serem desenvolvidos nestas regiões.

Segundo José Felipe de Alencastro, no entanto, pouco do esforço colonial se convertia propriamente em riqueza para Portugal. Ou seja, Alencastro contraria teses clássicas como a de Fernando Novais, que por sua vez entende a colonização com um objetivo majoritariamente econômico por parte do rei, que criava as colônias no além-mar como uma empresa, uma vez que uma boa parte, se não a maioria destas riquezas geradas ficavam com os próprios colonos ou eram gastos com a manutenção do funcionalismo e aparelho régio.

Neste sentido, os interesses coloniais em um primeiro momento, não poderia ser apenas os lucros gerados pela produção e comércio colonial, uma vez que estes eram lucrativos individualmente, mas não para o governo. Ou seja, para cada colono isoladamente a colonização da América, África e Ásia era um negócio muito lucrativo, mas não cobria o déficit da metrópole com a perca de pessoas e o financiamento das produções. Uma vez que uma boa parte dos lucros coloniais ou ficavam com os próprios colonos, ou eram gastos com a construção de prédios públicos, estradas, portos e funcionários régios.

Então, se a geração de riqueza não produzia um retorno material para a coroa a ponto de justificar sua existência, por que colonizar? É claro que entra nesta conta a pressão que os mercadores portugueses exerciam sobre a coroa, mas também há uma parcela de responsabilização do "espírito" cruzadista. Não atoa as caravelas portavam a cruz náutica em sua vela frontal, pois parte do ideário que defendia o expansionismo é herdeiro direto do legado cruzadista do medievo. Afinal de contas, tanto no diário de bordo de Colombo, como na correspondência de Pero Vaz de Caminha a El rei, a defesa da necessidade de salvar as almas dos povos não cristãos para a cristandade, era uma constante. A propósito, este discurso de difusão da fé e crenças cristã à povos "pagãos", também precisa ser entendido como uma força significativa real no processo de afirmação da colonização, e não só ser visto como uma espécie de "justificativa" para se chegar à interesses meramente materiais. Pois é evidente que havia sim os interesses econômicos e que este interesse era um dos motores da expansão, mas não só. Precisamos considerar que tanto o discurso religioso, bem como as pretensões de se "salvar" povos não cristãos do inferno, fazia parte sim do universo moral cristão e que este foi sincero ao impulsionar a ida de missionários ao Novo Mundo.

O padre Antônio Vieira, por exemplo, justificava a escravidão de africanos no século XVII como necessária para livrar as populações escravizadas do paganismo. Ou seja, como posto, apesar de não ser possível definir como uma mera continuidade entre o discurso dos cruzados medievais e os ideais expansionistas europeu, há sim, por outro lado, uma série de continuidades discursivas, no sentido de que ainda se buscavam os "infiéis" a serem salvos no decorrer do século XVI.

Trazendo este movimento para o espaço geográfico do Ceará, é importante destacarmos que a colonização portuguesa por estas bandas tiveram especificidades, como, na verdade o foi em todas as partes. Afinal de contas, não tem como concebermos que tenha ocorrido alguma forma genérica de ação colonial, mas sim, uma série de adaptações às condições de cada região, além do equilíbrio de tensões específicos. Mas há sim padrões que se repetiram mais em algumas regiões do que em outras, assim como há atividades econômicas que foram mais desenvolvidas em umas regiões do que em outras. O que aponta para um cenário mais complexo do que os clássicos e reducionistas ciclos econômicos do açúcar e do ouro.

Apesar do interesse metropolitano português está em produtos como a produção açucareira, ao falarmos em "Sistema Colonial", para usarmos uma expressão de Fernando Novais, pressupõe entendermos a existência de uma cadeia de trabalho, comércio e organização social que vai muito além da definição clássica do plantation (produção em larga escala e grandes propriedades, usando mão de obra escrava e trabalho compulsório, além de uma atividade destinada ao mercado externo). Temos que entender que nas sociedades coloniais existem toda uma cadeia de atividades no entorno da grande lavoura.

Stuart Schwartz, por exemplo, em uma pesquisa sobre a sociedade colonial na América Portuguesa, identifica a importância de mestres carpinas, pedreiros, mestres de purgar na colônia, as vezes contratados a valores bem altos para concertar os engenhos como a roda do moinho dava problemas; pedreiros para construir as casas senhoriais e os espaços de trabalho na produção do açúcar etc. Todavia, uma das funções mais importantes nos engenhos, era a de mestre de purga. Os mestres de purga normalmente eram homens livres e bem renumerados, encarregados de dar o ponto no processo de fervura do melaço para a cristalização do açúcar. Ou seja, concomitantemente ao engenho existia toda uma cadeia de profissionais assalariados, como carpinteiros, pedreiros, mestres de purgar, barbeiros e tropeiros. Era necessário tanto se constituir toda uma economia complementar ao engenho, como a produção de produtos voltados para uma demanda local. Papel em parte exercido, por exemplo, pelas regiões de criação de gado e a produção local de mantimentos e gêneros básicos, como o era o Ceará.

Neste sentido, a ocupação do Ceará dar-se como uma destas atividades complementares voltadas para o abastecimento da colônia com a produção de alimentos. Inicialmente fazendas de criação de gado que foi se estabelecendo nas margens dos rios do interior da região sua principal atividade econômica. Gado que era guiado para as feiras de Pernambuco, Bahia ou mesmo para Minas no auge da exploração aurifica, e que depois deu-se na forma de venda do charque. Uma cultura que interiorizou a presença de colonos.

O abate sistemático de reses e a transformação de sua carne em charque, para atender demandas internas da colônia, também é uma produção presa á lógica colonial, no sentido de assumir uma função complementar e essencial para a existência da colônia. Assim como o foi a produção de farinha nas regiões serranas desta mesma capitania, assim como em todas as outras, incorporada à dieta dos colonos do interior da colónia e possibilitando o avanço desde tropas no enfrentamento de quilombos, indígenas hostis ao português e de forças expedicionárias contra revoltas, levantes e revolução. A exemplo das tropas enviadas para combater os confederados em 1824 no Ceará, que tinham parte de seus soldos pagos com farinha de mandioca e mantas de carne verde e seca. Ou seja, toda uma produção voltada para demandas e feiras locais, forças oficiais ou para as necessidades de outras capitanias. Aliás, no Ceará, até os engenhos voltaram-se para uma demanda local, como é o caso, por exemplo, da produção local de aguardente e rapadura também para as feiras locais, ao invés do açúcar voltado para o mercado europeu.

# 6. A COLONIZAÇÃO DO PENSÁVEL

1. **A criação da economia progressista.**

A construção ideológica que ver a história como um constante progredir, em um avanço contínuo rumo a uma era de bonança, paz e riqueza, contraditoriamente, também está relacionada a crença de que para essa bonança geral ser alcançável, é preciso dar a determinável indivíduos o direito de acumular o máximo de riqueza possível a partir da exploração da geração de riqueza de milhões de trabalhadores.

Essa ideia econômica de progresso de bonança surgiu no século XV, substituindo paulatinamente as concepções de tempo religioso que vigorava até ali, em especial a ideia de cristandade.

Inspirado no ideário "cristianizador", o novo ideário progressivista parte da premissa de que a conversão de um povo de seu estado "nativista" para um estágio progressivista dar-se-ia, justamente, explorando-o ao extremo, para que estes aprendam a fazê-lo sozinho posteriormente. Nesta lógica, somente quando um povo aprender a se explorar exaustivamente é que terá aprendido a gerar riqueza cumulativamente.

2. **A criação do conceito de humanidade: da revolução cristã ao humanismo.**

O conceito de humanidade parte da premissa de uma superioridade biológica (ou espiritual) da condição humana. Em outras palavras, parte da premissa de que nós, os humanos, somos criaturas divinas, semidivinas ou sagradas, aos quais foi entregue o mundo para o seu usufruto.

Este conceito de mundo "humanista" é essencialmente originário no mundo euroasiático, e está intimamente ligado à ascensão do cristianismo e, mais tarde, do islamismo. Religiões que partem da ideia não da existência de um só deus, mas principalmente da existência de um Deus único e comum para todos os povos, negando a possibilidade de existência ou aceitação de quaisquer outros deuses, como da necessidade de imposição destas crenças à outros povos, e a inaceitabilidade da existência de qualquer outra fé, transformando todos os povos que se recusassem a aceitarem suas religiões monoteístas em grupos desumanizados, no sentido de que não tinham o direito de existir.

Este fanatismo extremado que se consolida pela primeira vez com o cristianismo, ganha sua potencialidade revolucionária, justamente, quando o Império Romano o adota como religião oficial. A partir daí o discurso religioso virou um excelente argumento para justificar a conquista militar e toda sorte de violência.

Evidentemente sempre houve conquistas imperiais desde que existe governo, todavia até ali, ou seja, até a cristianização do

Império Romano, os governos dos impérios não costumavam se importarem com as religiões dos reinos conquistados. No máximo acreditava-se que um povo ao ser conquistado acontecia, dentre outras coisas, por seus deuses serem mais fracos do que os deuses do povo que os conquistou.

Tão logo ocorreu a conversão da cúpula administrativa ao cristianismo, o fato de um povo ou indivíduo ser de uma outra fé, passou a ser encarado como uma ofensa ou um insulto ao deus dos cristãos, não sendo mais tolerável a existência fora do cristianismo. O não cristão precisava ser conquistado e, mediante a não aceitação da "verdadeira fé", deveria ser eliminado.

Um autoritarismo extremado, no sentido de que nunca se tinha praticado um tamanho esforço para se controlar o pensável e que se queria um movimento universal. E justamente por este caráter universalista que entende que todos os humanos são irmãos, feitos a imagem e semelhança de Deus, que por sua vez seria o pai celestial de toda a humanidade, aos quais foi entregue o mundo com tudo que existe nele, para que nós, os filhos diletos de Deus, pudéssemos explorar. Neste mito fundador judaico cristão, só os humanos seriam filhos de Deus, enquanto animais, plantas, terras, mares e montanhas foram feitos para que nós os exploremos.

Evidentemente, encontra-se vários elementos coincidentes entre outras religiões e o cristianismo e o islamismo, mas nunca o "combo" completo, em especial a universalidade da divindade ou da sua filiação. O que faz com que predominantemente as religiões como o Budismo ou o Hinduísmo partam antes de uma premissa de autoiluminação como um estágio ao convencimento. Ou seja, para estas religiões, a aceitação é uma evolução, um privilégio, enquanto para os monoteísmos cristão e islâmico a aceitação é uma obrigatoriedade e a sua recusa passiva de punição, normalmente associada à morte.

Evidentemente estes elementos de imposição já não são aplicáveis no mundo moderno desde as revoluções do pensamento dos séculos XVIII ao XIX, mas o que ficou destes princípios religiosos foi o caráter universalista e generalista que o orientava no passado.

Algumas religiões ameríndias, por sua vez, partiram de premissas completamente distintas. As religiões dos povos das Américas que praticavam o canibalismo, por exemplo, não costumavam ver distinção alguma entre uma onça e um guerreiro de uma tribo inimiga. O inimigo humano e a onça eram igualmente inimigos, que deveriam ser igualmente respeitados e combatidos. Muitos povos, aliás, se viam como descendentes destes animais, ou ainda os viam como espíritos protetores. Não a toa os guerreiros astecas se fantasiavam de onças, águias, serpentes e outros predadores, o que nos aponta para um entendimento de que os astecas reconheciam que os animais não humanos gozassem de uma natureza igual a deles, inclusive estabelecendo um vínculo de ancestralidade ou de igual peso entre os inimigos humanos e não humanos. De tal forma que não havia por que tratar de forma distinta um animal não humano de um guerreiro de um grupo inimigo. Pelo contrário, os predadores da floresta eram ancestrais, espíritos protetores, enquanto os guerreiros de grupos hostis eram só outros animais e, como tal, "nossos" possíveis alimentos. Inclusive, entre os tupys, devorar o inimigo era reconhecer seu valor.

Logo, não há nas religiões ameríndias no geral nada parecido com uma ideia de uma condição privilegiada sobre as árvores, animais, rios etc., mas antes colocando plantas, rios e animais na mesma condição, ou pelo menos em uma condição hierarquicamente próxima dos humanos de grupos inimigos. Ou seja, para os povos ameríndios tradicionais, os humanos são partes da natureza, assim como o são as onças, e não seus senhores. Aliás, é muito mais fácil um indígena americano considerar uma onça ou de uma águia espíritos senhores da vida e da morte, do que o contrário.

Foi justamente este universalismo e hierarquização da condição humana em relação ao restante da natureza que vai caracterizar o cristianismo, e sendo "transferido" para o "humanismo" que, por sua vez, começa a ganhar corpo no século XV com o Renascimento.

Foram os renascentistas que pensaram a primeira vez uma "condição humana" enquanto uma junção de valores e princípios (ou leis) naturais e aplicáveis à toda humanidade e, como tais, inalienáveis. Tal conceito então compreendia a humanidade como uma unidade e distinta dos demais animais, no sentido de que deveria existir elementos naturais de valores em comum aplicáveis a todos os indivíduos que pudessem serem classificados como humanos. Conceitos como o princípio do direito natural, relacionado a ideia de que todo homem deveria ter acesso a direitos básicos como o autogoverno ou soberania política, assim como a ideia de que o poder do governo provém da conceção dada pela maioria através de um contrato social entre governante e governados.

Para além destas questões, esta forma de pensar ou conceber a humanidade como uma unidade, também a concebe como pertencente a um mesmo destino, que necessariamente seria de bonança e de prosperidade. De tal forma que o conceito de progresso, só formulado posteriormente durante a consolidação do capitalismo enquanto forma de organização do pensamento, não deixa de ser filho deste ideário humanista de que existiria um destino comum, que por sua vez é herdeira direta da percepção cristã de que só haveria um caminho possível, o da cristandade. Da mesma forma os humanistas dirão, só existe uma humanidade. O grande problema desta formulação foi que, para o europeu, o modelo de humanidade para se construir este ideário de unidade foi justamente o modelo cristão europeu, e tudo aquilo que não se adequava a esta régua conceitual passou a ser classificado como uma subumanidade a quem se precisava impor a forma correta de ser humano.

Entre os séculos XVIII e XIX o progresso passou a ser cada vez mais associado à geração e acúmulo de riqueza; e mesmo ficando cada vez mais evidente que este ideal, para ser possível alguns, necessariamente precisaria excluir a maioria, o discurso dominante era o contrário. O discurso reinante, por outro lado, era de que se os colonizados aceitassem a exploração que lhes eram impostas, com o tempo aprenderiam a se autoexplorarem e acumularem suas riquezas.

Nesta lógica, se um povo não atingisse a propagada prosperidade, seria por este não está se autoexplorando suficientemente. A mesma tese que se passou a pregar ao trabalhadores, segundo a qual, se um trabalhador é pobre, é por este não está trabalhando suficientemente, formulando frases de "incentivo" como o conhecido "trabalhe enquanto eles dormem", que virou uma espécie de mantra da direita liberal do mundo contemporâneo. Em uma frase recente o investidor e influencer Thiago Nigro (O primo Rico) afirmou em 2023 nas redes sociais que "não há pobreza que resista a 14 horas de trabalho". Claro, sem falar de que tipo de trabalho ele está falando, seria irresponsável de nossa parte fazer qualquer acusação. Se a frase de Nigro se refere a um trabalho como o dele, que grosso modo se limita na atualidade a analisar os balanços de empresas, calcular dividendos, previsões do Boletim Focus, juros futuros e acompanhar as variações do IPCA da tacha SELIC e do preço das comodity a partir de um computador em um escritório em sua própria casa e dando ordens a dezenas de funcionários, não há problema. Em tais condições, realmente não haveria dificuldade de se trabalhar até mais do que 14 horas.

Agora, como é provável, caso este esteja falando de um trabalhador comum brasileiro, aí é sintoma ou de um irremediável desconhecimento de como se dão as relações de trabalho no país, o que não acreditamos; ou de um cinismo perverso, tentando propagandear a exploração extrema das relações de trabalho que, é preciso que se diga, beneficia muito mais os empregadores, no sentido que á maioria dos trabalhadores só cabe custearem suas despesas básicas. Na prática o que Nigro está dizendo é: "se você é pobre, é por você não está trabalhando o suficiente", uma vez que bastaria eu trabalhar mais para receber mais.

Ora, evidentemente a formulação do Thiago Nigro é absurda, simplesmente porque na maioria das relações de trabalho não é possível fisicamente se trabalhar 14 horas diárias. Imaginemos em uma cidade grande, onde as pessoas passam horas no trânsito se locomovendo de suas casas para o trabalho. Trabalhar 14 horas significaria que sobraria 10 horas do dia para todo o resto das coisas que uma pessoa precisa, como comer, dormir, fazer suas necessidades básicas e cuidar de sua higiene pessoal e, principalmente, se locomover (lazer evidentemente não entraria nesta formulação). Isso se contarmos que esta pessoa não faça sua própria comida ou muito menos tenha crianças para cuidar. Em outras palavras, é uma frase típica de um coaching tentando vender sonhos impossíveis para plateias desorientadas e sedentas por milagres.

Por outro lado a formulação de Nigro é sintoma desta época. Hoje praticamente todos os governos e empresários do mundo buscam incessantemente gerar mais riqueza e, para tal, incentivam uma ampliação ilimitada das produções. De tal forma que toda a organização da sociedade passa a ser colocada entorno destas metas megalomaníacas.

Pegando o exemplo das "tendências" educacionais implementadas no Brasil atual. Cada vez mais as escolas secundárias deixam de ter como um norte o ensino do conhecimento acumulado, para priorizar o aprimoramento de uma massa de mão de obra e formar consumidores de tecnologias que prometem acabar com todos os males e dificuldades. Pegando o exemplo das escolas brasileiras, a introdução de disciplinas como empreendedorismo, culinária, produção de sabão e cultura digital em detrimento de disciplinas clássicas como história, geografia, biologia e química.

Uma das novas preocupações é a escola conseguir ensinar os jovens a serem mais maleáveis, no sentido de serem mais adaptáveis a mudanças. O novo homem e a nova mulher precisam ser ensinados que, ao perderem seus empregos, consigam se reinventar e tornarem-se motorista ou entregador de aplicativo.

Ao contrário do que prega a extrema direita, a nova educação brasileira é essencialmente antifreuriana, no sentido de que não é mais interessante ao novo modelo escolar compreender criticamente a sociedade. Não é produtivo se ensinar ao filho de um trabalhador conceitos como o de alienação do trabalho e mais-valia. O que este precisa é aprender a gerar cada vez mais riqueza, pelo menos enquanto existir recursos naturais para explorar e enquanto o planeta resistir.

# 7. AS REVOLUÇÕES NA FORMAÇÃO DO CAPITALISMO

Foi o historiador egípcio-britânico, Eric Hobsbawm, quem primeiro falou em uma "era das revoluções" em alusão à sequência de transformações ocorridas entre a segunda metade do século XVIII e a primeira metade do século XIX. Em sua perspectiva, a Revolução Industrial e a Revolução Francesa, definida por este como uma dupla revolução, teriam provocado mudanças mundiais, tanto nas questões econômicas e das relações de trabalho, como nas questões políticas.

No caso da Revolução Francesa, ela teria inspirado outros países a adotarem os ideais de liberdade, igualdade, constitucionalismo e os princípios da representação política básicos da democracia moderna. Logo, para este historiador, a influência dos citados movimentos teria modificado o mundo, tanto no âmbito econômico, como no político. E de fato, é comum encontrarmos referências à Revolução Francesa no mundo todo. Por exemplo, quando o Vietnam se lança em sua independência em 1945 cita a Revolução Francesa "A Declaração da Revolução Francesa, elaborada em 1791 sobre a declaração do Homem e do Cidadão [...] afirma 'os homens nascem e devem permanecer livres e iguais em direitos'"[6]. Neste sentido, parece evidente que esta formulação de

Hobsbawm tem pontos muito sólidos, como alguns citados acima e aos quais, a nosso ver, não cabem revisões, a exemplo da definição de uma "era" para se referir à sequência de revoluções mundiais no recorte citado, ou ainda a ideia de uma temporalidade a partir de uma questão estrutural, como o é as formulações de Longo Século XIX e Curto Século XX. Mas também há zonas de silêncio ou pouco exploradas que carecem de uma leitura mais ampla.

A primeira coisa é a pouca importância dada pelo historiador à movimentos econômicos e de transformações culturais que são globais, e não só francês, inglês ou da Europa, pois apesar de falar que a dupla revolução influenciou o mundo, ainda assim são movimentos europeus. Ou seja, encarando a Europa como um espaço de difusão de valores e encarregada por civilizar o mundo. Silencia, por exemplo, sobre a relação entre a expansão marítima e a formação de uma economia mundial, sem a qual não seria possível pensar em uma Revolução Industrial. E até onde sabemos, segundo as formulações da historiografia clássica, a expansão marítima não é definida como uma revolução, enquanto os eventos centrados ou iniciados em países como a França e a Inglaterra, o são.

Em outras palavras, se formos atribuir a influência de um movimento como responsáveis pelo desenrolar de outro, então obrigatoriamente teríamos que afirmar que a Revolução Industrial só

---

[6] Declaração de Independência da República Democrática do Vietnã Apud. Napolitano, 2020, p. 91.

tem lugar pela influência da expansão marítima exercida sobre a mesma, bem como a expansão comercial do século XVI. Já a Revolução Francesa teria que ser definida como sendo influenciada pelos descobrimentos e a consequente descoberta de outras humanidades pelos europeus, além do protestantismo e a Revolução Inglesa do século XVII. Ou seja, cria-se a explicação dos eventos a partir de sua exterioridade e não das singularidades.

Claro, mesmo o leitor minimamente letrado em história sabe, que foi a Europa quem se expandiu na expansão marítima, assim como foi a Europa a colonizar a América no século XVI, a Ásia e África no século XIX, e não o contrário. Todavia, a Europa também foi transformada não só com um maior acúmulo de riquezas devido as pilhagens que impôs ao resto do mundo; mas também em decorrência da construção de fato de uma interdependência mundial. Mesmo sendo uma ação inicialmente provocada por países como Portugal e Espanha, a expansão promove uma integração e complementariedade financeira do mundo, além de uma cultura material e alimentar mundial ou mundializada, com variações muito pontuais.

Mas a citada transformação dar-se principalmente fora da Europa, nas suas colônias a partir dos contatos, interações, embates e enfrentamentos de europeus com outros povos e espaços do mundo. Ou seja, dar-se mediante a o surgimento de uma nova experiência de viver que se afirmava. Logo, é uma revolução mundial que, muito embora seja a Europa a região mais beneficiada por promover um desvio de riquezas produzidas em nível global para si, ainda assim impacta simultaneamente o mundo todo. Além de, claro, ter como principal característica a promoção de políticas racistas e deliberadas de extermínios de outros povos pelos europeus colonizadores.

Mas voltando às transformações mundiais, em grau de importância, a Revolução Industrial seria mais uma consequência do colonialismo e expansionismo do século XVI do que propriamente um evento ímpar na mudança econômica global, pois seu caráter, para as demais regiões do mundo é de solidificação e intensificação da estrutura já existente do sistema mundo. Afinal de contas, como bem coloca Achille Mbembe: "O Atlântico foi-se tornando (no século XVI) o epicentro de uma nova concatenação de mundos, o lugar de onde emergiu uma nova consciência planetária" (Mbembe. 2018, p. 33).

A nosso ver, a posição de supervalorização da Revolução Industrial e da Revolução Francesa só mostra o quão eurocêntrica são estas formulações. Até porque, neste mesmo sentido, Hobsbawm define a Revolução Americana como algo local, com mudanças restritas aos Estados Unidos, ignorando aí a influência do federalismo e liberalismo estadunidense sobre o restante do continente, como por exemplo, sobre a constituição da Primeira República Brasileira em 1891 e as Independências das colônias espanholas. E tal como foi citada a Declaração dos Direitos do

Homem e do Cidadão da Revolução Francesa no manifesto de Declaração de Independência da República Democrática do Vietnam, também citaram a Independência dos Estados Unidos. Portanto, no mínimo, a Independência dos Estados Unidos era para estar na formulação de Hobsbawm como um equivalente à Revolução Francesa, e não na condição de um movimento periférico ou de importância menor para o mundo. Na leitura do iminente historiador "A Revolução Americana foi um acontecimento crucial na história americana, mas [...] deixou poucos traços relevantes em outros países". Enquanto a Revolução Francesa "é um marco em todos os países". (Hobsbawm. 2020, p. 99-100).

Ora, iniciando-se pelos EUA e depois passando para as Américas espanhola e portuguesa, o mundo colonial era desmontado no século XIX, formando daí sociedades crioulas ou mestiças, muitas delas, como a do Brasil, amalgamando valores díspares como o cristianismo e as religiões africanas, a lida com o meio e as práticas alimentícias de dezenas de povos indígenas com a organização administrativa lusitana, e isso não é uma revolução? É preciso ainda ser estudado os efeitos culturais da influência do Brasil sobre outras ex-colônias portuguesas da África em seus processos de emancipação, pensamos que este não foi menor do que o efeito das revoluções europeias sobre outras regiões que haviam sido colonizadas tardiamente pela Europa.

Mas nenhuma formulação que aborde o processo de independência das américas é mais tendenciosa e distorcida do que a de Marc Ferro. Para o historiador francês, o processo de independência nas Américas resultou de uma ação dos "colonos" europeus. Ora, afirmações como estas é de um excesso de eurocentrismo tão abismal que é incapaz de perceber que as sociedades que emergiram da colonização não eram reproduções das ações dos colonizadores, assim como os grupos humanos que formavam os estados em processo de emancipação política no final do século XVIII e início do XIX não eram "filiações" europeias nas Américas. Eram antes de qualquer coisa, sociedades híbridas com dinâmicas, interesses e formas organizacionais bem próprias. Em outras palavras, não foram colonos portugueses que promoveram a Independência do Brasil, mas antes aquilo que Darcy Ribeiro chamou de "ninguemdade", que pode ser resumido como a identidade que resulta da não aceitação como um igual pelos demais grupos sociais. É a "ninguemdade" que gera a identidade de brasileiro a partir da recusa do indígena de verem os filhos de índias e negras como um igual, além da recusa do português de verem mestiços ou entes nascidos na América como iguais a eles, tal qual a recusa dos negros de verem os filhos dos seus opressores como iguais, produz a ninguendade, que leva a necessidade de se construir uma nova identidade. No nosso caso, a de brasileiro.

Voltando às visões tendenciosas de colegas historiadores europeus sobre eventos como Independência dos Estados Unidos e países das Américas portuguesa e espanhola, mesmo estas atacando de forma marcante o colonialismo e sua formulação ideológica dando-se entorno da ideia de um autogoverno respondendo à condição colonial imposta por sua metrópole, estes acontecimentos, não modificou, de fato, a estrutura dinástica específica da Europa. Logo, para esta leitura eurocentrada, a Revolução Americana, por exemplo, seria uma revolução de segunda ordem, assim como as demais independências das Américas. Mas fora da Europa, em especial na América Latina, na construção de uma memória revolucionária, a Revolução Americana, a Revolução do Haiti e a Revolução Cubana, foram tão ou mais influentes do que a revolução francesa.

Mas este nem é o ponto, o ponto central é associar as mudanças de um país a "influência" exercida por outro. Afinal de contas, as mudanças ocorrem por contradições locais, e não importadas.

Estas questões, evidentemente, não diminuem a importância da "dupla" revolução, como as define Hobsbawm, mas apenas chama atenção para o excesso de eurocentrismo ao não se colocar em um peso equivalente a Expansão Marítima e a formação do Sistema Mundo Moderno, bem como as revoluções americanas e, principalmente, as escolhas locais nos rumos de cada país. No caso das independências das Américas espanhola e portuguesa, definidas como simplesmente influenciadas/inspiradas na Revolução Francesa, tirando evidentemente as singularidades locais da equação, mas antes, entendendo estas revoluções americanas como "influenciadas" pelos eventos europeus.

Afinal de contas, bem antes das Independências Africanas e Asiáticas questionando o domínio Europeu, as colônias americanas criaram Estados e nacionalismos em separado de suas metrópoles europeias, e não só porque inspiraram-se nas revoluções europeias, mas sim para atenderem demandas e interesses locais. Além disto, como já destacou Tocqueville, a própria condição de colonização das américas formulou uma sociedade muito menos hierarquizada do que as sociedades europeias, posto que as relações de privilégios dinásticos pouquíssima importância teve nas terras ameríndias.

Este capítulo então se propõe, ao mesmo tempo, uma síntese das definições mais clássicas sobre a Revolução Industrial e Francesa como um ensaio, apontando leituras possíveis das transformações ocorridas entre o fim dos setecentos e a primeira metade dos oitocentos.

## REVOLUÇÃO INDUSTRIAL.

**Definições.**

Na definição de Eric Hobsbawm, a Revolução Industrial "explodiu" na década de 1780, quando "foram retirados os grilhões do poder produtivo das sociedades humanas" (2020). Em essência, definir as mudanças sociais e econômicas a que se refere Hobsbawm como uma revolução mundial parte do princípio de que estas representaram uma ruptura com o passado, o que é uma unanimidade entre os historiadores. Todavia, esta "classificação" de mudanças tão espaçadas e sem um acontecimento causador como sendo uma Revolução, diferentemente do que ocorreu durante a Revolução Francesa que já se afirmava na primeira hora como tal – inclusive fundando o conceito -, dar-se tardiamente. Mais precisamente, somente no final do século XIX a partir da definição de Friedrich Engels em sua obra sobre a formação da classe operária inglesa (2010). Então, se a Revolução Industrial é uma ruptura com o passado, o que foi rompido? Essencialmente, as relações de trabalho na Europa e o ritmo de produção.

Segundo Luís Eduardo Morais, era difícil controlar as relações de trabalho artesanais, muito mais inseridas no cotidiano familiar e gozando de um caráter complementar em relação às atividades domésticas, que por sua vez eram integradas a uma vida camponesa. De tal forma que era demorado o tempo de espera entre o investimento por parte dos mercadores, e os resultados colhidos no processo de comercialização (2020).

Afinal de contas, neste senário da Inglaterra do século XVI ao XVIII, as ações dos homens de mercado restringiam-se basicamente a encomendarem uma quantidade específica de mercadorias aos artesões, que por sua vez mantinham o controle sobre suas ferramentas de trabalho, matéria prima e ainda tinham um ritmo de trabalho bem própria, que desagradava em muitos aspectos os interesses dos citados mercadores. Pois como observa um testemunho citado por Thompson,

> Quando os fabricantes de malhas e meias de seda conseguem um bom preço pelo seu trabalho, observa-se que raramente trabalham nas segundas-feiras e nas terças-feiras, mas passam a maior parte de seu tempo na cervejaria ou no boliche [...]. Quanto aos tecelões, é comum vê-los bêbados nas segundas-feiras, com dor de cabeças nas terças, e com as ferramentas estragadas nas quartas. Quanto aos sapateiros, eles preferem ser enforcados a esquecerem são Crispim na segunda-feira [...] e isso geralmente se prolonga enquanto tem no bolso uma moeda de um penny ou crédito no valor de um penny. (Houghton, Apud. Thompson, 1989, p. 282)

Ou seja, na Inglaterra de 1681, de onde é a citação acima, predominava a ideia de trabalho tipicamente da antiguidade mediterrânica, associando trabalho à sacrifício. Na tradição das grandes religiões monoteísta, por exemplo, quando Adão e Eva são banidos do Éden em decorrência do pecado original, um de seus castigos foi justamente ser condenado a trabalhar para sobreviver. De tal forma que a relação dos pobres para com o trabalho era de que deveria se trabalhar o suficiente para o sustento e o atendimento das necessidades básicas do dia a dia. Não existia a percepção de que o trabalho traria prosperidade, uma vez que na tradição religiosa e social, a sociedade estava submetida a hierarquias largamente naturalizadas, não sendo comum o entendimento da superação destas.

Todavia, as definições da Revolução Industrial como um acontecimento inicialmente europeu, é questionável. Em primeiro lugar, um sistema de trabalho que retirava os trabalhadores para um espaço fechado não doméstico, com divisão de tarefas, produção em série e em larga escala, o que é atribuído à citada revolução, não nasceu na Europa, mas no plantation açucareiro da América colonial, em especial na América Portuguesa, ao mesmo tempo que a tecnologia que a possibilitou era árabe, e não europeia, uma vez que foram os árabes, aprimorando a produção do açúcar indiano, quem primeiro pensaram os engenhos de açúcar, que por sua vez foram novamente aprimorados e implantados na América pelos portugueses.

Hora, se hoje é praticamente unanimidade que a Revolução não tem um marco inicial preciso, como esta vinculação ao plantation é tão pouco ventilada ao se discutir a origem dela? Até porque, ao mesmo tempo que pensa a economia inglesa no decorrer da Revolução Industrial como inserida no mercado mundial e, ainda assim, esse caráter global fundamental para a existência da citada revolução, é simplesmente suprimido em nome de um suposto pioneirismo inglês? Enquanto isso, contraditoriamente, parece também ser bem aceito o entendimento de que foi o um mercado colonial e essencialmente global que possibilitou uma acumulação de capital indispensável para a reprodução privada do capital desencadeada primeiro, esta sim, na Inglaterra.

Em nossa opinião, uma interpretação que queira fugir do eurocentrismo historiográfico, precisará rever o papel da Europa nas transformações do mundo moderno, não para negar a expansão e influência europeia, mas para entender o papel das sociedades e povos fora da Europa.

Mas voltemos a definição clássica sobre a Revolução Industrial. Nesta, o primeiro setor produtivo a ser revolucionário teria sido o setor têxtil. Nos engenhos de tecido teriam então ocorrido, em primeiro lugar, uma mudança de padrão de trabalho, onde os mercadores interessados em uma otimização do tempo entre seus investimentos e os resultados esperados, ao invés de comprarem as produções dos mestres artesões, que produziam de forma doméstica completamente inseridos no cotidiano de suas casas, como se ver na citação em seguida, para se contratar o artesão e aos poucos impor um novo ritmo de trabalho.

> Num dia chuvoso, ele podia tecer 8,5 ou nove jardas [de tecidos]; no dia 14 de outubro, ele entregou a peça de tecido pronta, e por isso teceu apenas 4,75 jardas; no dia 23, ele

'trabalhou fora de casa' até as três horas, teceu duas horas antes do anoitecer, 'remendou o casaco à noite'. No dia 24 de dezembro, 'teci duas jardas antes das onze horas. Empilhei o carvão, limpei o telhado e as paredes da cozinha e adubei a terra até as dez horas da noite. [...]
18 de janeiro de 1783
'Estive preparando o estábulo de um bezerro e buscando as copas de três arvores que cresciam na vereda e naquele dia foram derrubadas e vendidas para John Blagbrough.
Teci 2,75 jardas, pois, como a vaca teve bezerro, exigia muitos cuidados.' (No dia seguinte, ele caminhou até Halifax para comprar remédio para a vaca) No dia 25 de janeiro, ele teceu duas jardas, caminhou até uma vila vizinha, realizou 'diversas tarefas na roda de tear e no quintal, e à noite escreveu uma carta'. (Ashworth, Apud. Thopson. 1998, p. 281)

Ou seja, as relações de trabalho na Inglaterra até o início da revolução industrial eram entrelaçadas com o cotidiano doméstico. Na verdade o trabalho artesanal no mundo todo era inserido no espaço doméstico, onde as atividades eram executadas em um ritmo muito próprio das atividades do dia a dia. Atividades muitas vezes complementadas pelo trabalho dos filhos e companheira(o), cujo tempo destinado a estas variava de acordo com as exigências da lavoura, ou da atenção do trabalhador para os animais como vacas e porcos, ou com os reparos necessários na casa e preparo dos alimentos. Enfim, o mundo do trabalho não era distinto do mundo doméstico. A única exceção eram as colônias, nestas, aí sim, o tempo do trabalhador era extremamente disciplinado e seu labor vigiado para que este reproduzisse com êxito os capitais empregados na produção. Foi nas colônias conde o trabalhador passou a ter as mesmas funções que as vacas tiveram durante a revolução urbana na Idade dos Metais da região mediterrânica.

Portanto, enquanto o trabalho na Europa era predominantemente doméstico, neste mesmo contexto, ou seja, entre os séculos XVI e XVIII, nas américas de produção açucareira, o trabalho escravo, apesar de também regulado pelas estações do ano, afinal de contas em lavouras sempre existem a época do plantio e da colheita, ainda assim, nunca foi uma produção doméstica. Os engenhos de açúcar eram espaços destacados dos locais de moradia. Além disto, as atividades eram divididas em setores. Enquanto um grupo de trabalhadores colhia, outros dirigiam as carroças para o transporte da cana para o engenho, outros ainda moíam a cana e mais alguns ferviam e apuravam o caldo sob a supervisão do mestre de purgar e de um capataz, estes últimos, normalmente, eram trabalhadores livres e assalariados.

Imagem I

A sugar Mil [Londres, Inglaterra]: disponível em
http://objdigital.bn.br/acervo_digital/div_obrasraras/or230577p336.jpg
Copiado em 21/07/2022

135

FREIRE, José Joaquim. **[Moagem de canas em uma moenda de cilindros verticais movida por uma roda hidráulica].** [S.l.: s.n.], 1784. 1 desenho, nanquim, p&b, imagem 32,0 x 19,0 em f. 34,5 x 23,5 cm. Disponível em: http://acervo.bndigital.bn.br/sophia/index.asp?codigo_sophia=2011. Acesso em: 22 jul. 2022.

CODINA, Joaquim José. **Engenho de descaroçar o algodão.** [S.l.: s.n.], 1784. 1 desenho, nanquim, p&b, imagem 32,5 x 19,0 cm em f.34,5 x 24,0 cm. Disponível em: http://acervo.bndigital.bn.br/sophia/index.asp?codigo_sophia=1425. Acesso em: 22 jul. 2022.

Imagem IV

CODINA, Joaquim José. **[Engenho de pilões de socar]**. [S.l.: s.n.], [17--]. 1 desenho, nanquim, p&b, imagem 32,5 x 19,0 cm em f. 34,5 x 24,0. Disponível em: http://acervo.bndigital.bn.br/sophia/index.asp?codigo_sophia=1420. Acesso em: 22 jul. 2022.

Então, se a Inglaterra não teve lá uma exclusividade na formação da cultura econômica e produtiva mundial, qual foi o papel do citado país, e como se deu a cultura econômica moderna? A primeira coisa que não podemos fazer é inverter o discurso da Revolução Industrial e simplesmente negá-la ou negar as transformações que ocorreram na Inglaterra. O que é necessário ser feito é uma compreensão dos demais papeis dos outros povos e países, e não a negação do papel da Inglaterra.

Dito isto, então sim, a Inglaterra teve um papel importante. O que ela não teve foi a exclusividade das transformações econômicas. E a revolução tecnológica que ocorre nas terras anglo-saxãs, foi tão somente uma fase de uma grande revolução mundializante, sendo justo falarmos de uma fase Inglesa, antecedida de uma fase espanhola, que segue de perto uma fase portuguesa, que por sua vez, assume um processo iniciado pelos povos árabes com a expansão islâmica do século VII. Portanto, no contexto britânico da revolução mundializante, basicamente, os mercadores ingleses individualmente e desarticulados tentaram fazer algo parecido com o que era feita nas américas em relação aos negros. Ou seja, coisificar os trabalhadores:

> Na primeira fase da Industrialização, o capitalista, em geral, não tinha dúvida de que a condição fundamental para lucrar era estender o máximo possível o número de horas de trabalho e manter o mais baixo possível o salário dos trabalhadores...(Moraes. 2020, p. 66)

> Com o objetivo de diminuir o valor dos salários, os donos das tecelagens haviam definido que, no lugar de serem reproduzidas em teares específicos, operados por trabalhadores com alguma especialização, as meias seriam costuradas a partir de moldes recortados de malha produzidos em grandes teares. Com isso, o trabalho especializado de tecer meias, mais caro, foi dispensado e substituído pelo trabalho infantil.
> (Ibidem. P. 67)

Assim como ocorria com o trabalho escravo, os primeiros industriais tentaram coisificar as relações de trabalho a tal ponto de o trabalhador ser meramente reduzido a uma peça na engrenagem fabril. Para tal, o trabalhador era assalariado com o menor valor possível. Segundo Hobsbawm, esta metodologia era para que este trabalhador fosse também obrigado a trabalhar todos os dias da semana, inclusive nas segundas feiras e forçado a aceitar a cargas de trabalho que poderiam chegar a 18 horas diárias. Ou seja, os salários baixos eram também uma forma de impor o trabalho compulsório. Neste sentido, com os baixos salários e a política de castigos corporais e multas, os trabalhadores foram empurrados para um ritmo de trabalho tão desgastante quanto o trabalho escravo.

Em outras palavras, a produção fabril industrial, como o chamado *Taylorismo*, não é nada mais do que um *Pantátion* adaptado às máquinas, onde o capataz das fábricas inglesas exercerá atribuições muito próximas aos feitores dos cafezais paulistanos do oitocentos.

Todavia, diferentemente das populações escravizadas nas Américas, os trabalhadores assalariados no mundo europeu contavam com uma integração que os trabalhadores africanos não tiveram como ter nas Américas pois, diferentemente daqueles, não eram propriedades de seus empregadores e, como tal, não poderiam ser vendidos e retirados das relações estabelecidas com os demais trabalhadores. Enquanto o trabalhador negro escravizado, uma vez que eram de diferentes origens culturais e linguísticas já tinham uma dificuldade de origem, pois, primeiro, tinham que aprender a conviverem com grupos diferentes, as vezes com povos que eram originalmente inimigos seus na pátria mãe. Frente esta diversidade, os escravizados eram forçados a criarem um idioma em comum (normalmente o português gritado pelos capatazes) para, só assim, aprenderem a cooperarem, planejarem em conjunto e se integrarem como uma comunidade minimamente coesa. Ou seja, como bem coloca Achille Mbembe, a escravidão literalmente matava socialmente o negro, pois o arrancava de sua comunidade e identidades, condição que o forçava a "renascer" como ente escravizado, ressignificando valores e relações sociais.

Ainda assim, uma vez estabelecida esta precária coesão de cativeiro, uma decisão do seu senhor ou uma recomendação do capataz poderia a desfazer com o simples ato de o vender para outro senhor, pois sua condição era extremamente dificultada posto que ele era, para seu senhor, uma mercadoria e, como tal, podendo ser negociado a qualquer momento. A venda normalmente rompia constantemente com o ciclo de relacionamento de grupo e de possíveis complôs que as populações escravizadas poderiam participar.

Um exemplo disto ocorreu na então vila de Sobral no interior do Ceará, onde um grupos de escravos aspiravam alcançarem as suas liberdades em decorrência da proclamação da Constituinte de 1820, rebelando-se contra os senhores que se recusassem a lhes conceder a liberdade desejada. Sabendo do plano a tempo por intermédio de denúncia de um escravo interessado em recompensas por entregar seus companheiros, os proprietários dos escravos trataram de reprimir o movimento. Os envolvidos foram espancados e vendidos para diferentes pontos da América Portuguesa, rompendo os vínculos de solidariedade entre os rebeldes que possibilitava tal organização política.

Na Inglaterra, por sua vez, algo assim seria impensável no século XVIII e XIX, dando aos trabalhadores locais o que os trabalhadores escravizados tinham muita dificuldade de conseguir: uma organização política e sindical duradoura. Como os corpos dos trabalhadores assalariados não eram mercadorias, nas apenas o seu tempo, no sentido de que não poderiam serem enviados para regiões distantes e terem suas reinvindicações desbaratadas com a mesma facilidade que tinham os senhores de engenho, conseguiram impor contrapesos crescentes nas relações de exploração de sua mão de obra.

Todavia, ao que parece, estas questões não foram pensadas pelos burgueses ingleses. A preferência por trabalhadores assalariados ao invés de trabalhadores escravizados foi por dois outros motivos principais. Primeiro, os trabalhadores assalariado eram, em um primeiro momento, financeiramente mais vantajosos do que os escravizados, já que o preço de um escravo, a valores do Brasil do século XIX, poderia variar entre 350$000 réis a 1 conto de reis em meados dos oitocentos (uma saca de café custava em média 12$000 réis, por exemplo). Estima-se que este mesmo valor era o equivalente a seis bois ou ao preço de um sobrado. Enquanto a diária de um operário inglês entre 1829-1834, era entorno de 4 shillings 1,1/2 pence (Hobsbawm. 2020, 79). Segundo Hobsbawm, um valor tão baixo que provocou a morte por inanição de 500 mil tecelões manuais ingleses nesta mesma época. Sem falar que um/a escravo/a poderia perder valor com o tempo, adoecer e morrer, dando assim prejuízo ao seu dono. Enquanto o trabalhador assalariado era somente substituído por outro, sem prejuízo para seu empregador.

Em segundo lugar, o trabalho assalariado inglês não foi propriamente elaborado a partir de um plano econômico, mais muito mais a partir de uma transição entre a compra das produções domésticas dos artesões por parte dos mercadores, para a contratação destes artesões para trabalharem em um horário previamente acordado, até que as máquinas substituíram estes mestres artesões por trabalhadores sem a necessidade de qualificação. Ou seja, é um tipo de trabalho que se desenhou a partir das transformações da própria forma de produção inglesa, até produzir a relação de trabalho descrita acima.

Mas o fator principal para justificar a vantagem lucrativa inglesa no sistema mundo a partir do século XVII, para além do já citado acordos vantajosos para a burguesia em decorrência da influência desta na política desde a revolução que decapitou o rei Carlos I, foi o fato de que a produção inglesa se deu primeiramente dentro da Inglaterra e não em colônias em outros continentes, como o fizeram Portugal e Espanha.

A Inglaterra, evidentemente, teve colônias, mas sua base produtiva não foi transferida para estas como o fizeram as potências ibéricas. Pois apesar do monopólio comercial, como já destacou Luiz Felipe de Alencastro (2000), nem sempre era possível converter o domínio colonial em lucro propriamente dito para a Coroa portuguesa e para uma elite econômica portuguesa, ficando uma boa parte das riquezas produzidas com os colonos e nas colônias. Enquanto na Inglaterra a riqueza gerada durante o século XVIII ficava na Inglaterra, só sendo expandido para um processo de industrialização em outras partes do mundo no século seguinte. Sem falar de outros fatores mais óbvios, como o fato de os trabalhadores assalariados também tornarem-se consumidores para alguns produtos industrializados na Inglaterra, ampliando a possibilidade de reprodução do capital no mercado local, enquanto o mesmo não acontecia no plantation.

Mas como destaca Moraes:

...o mercado externo parece ter sido o elemento motriz decisivo para o salto de produtividade ligado à mecanização da indústria. Mecanizar foi a solução encontrada diante da exploração na demanda por produtos industrializados que aconteceu ao longo do século XVIII e que está relacionada de forma direta, com o crescimento da importância do comércio colonial para a Grã-Bretanha. (Moraes. 2020, p. 57)

Ou seja, só parece ter ocorrido uma Revolução Industrial, por ter existido antes a expansão marítima, a produção dos engenhos e a formação de um sistema econômico mundial. Sem estes elementos, não se pode conceber uma mecanização e produção em série.

## REVOLUÇÃO FRANCESA

**Definições:**

Entre as definições mais influentes sobre a Revolução Francesa, certamente se destacaram o trabalho de Jules Michelet, que contrariando seu contemporâneo François-Auguste Mignet em sua defesa de que os resultados alcançadas pela Revolução foram primeiro planejados pelos iluministas e burguesia, sendo a dita revolução uma mera execução destes projetos, tese que vem sendo alvo de críticas devastadoras. Por outro lado, para o já citado Michelet, o resultado da Revolução Francesa não foi planejado, na verdade, teria sido uma consequência das respostas dadas pelos agentes daquele movimento constituídos exatamente como resposta ao que acontecia. Até porque, como lembra em outro momento Eric Hobsbawm, "não havia, em 1789, uma burguesia autoconsciente que representava a nova realidade do poder econômico, pronta a tomar em suas próprias mãos os destinos do Estado [...] considerando que ela existia em 1780, uma revolução social não era seu propósito." (Hobsbawm, apud. Moraes. 2020, p. 12). A mesma visão de Robert Darton:

> Em 1789, os franceses tiveram de encarar a derrocada de toda uma ordem social – o mundo que, retrospectivamente, definiram como Ancien Régime – e encontrar uma nova ordem no caos circundante. Viveram a realidade como algo possível de destruição e reconstrução, e depararam com possibilidades aparentemente ilimitadas [...] ninguém estava preparado para uma revolução em 1789 (Darton. 2010, p. 23)

Guardando as abismais distinções e particularidades, para Michelet, Hobsbawm e Darton, a Revolução Francesa se constitui como resposta aos atos que a deflagraram, não havendo assim uma prévia formulação que orientasse as ações dos revolucionários.

Outro trabalho significativo, foi a produção de Daniel Mornet em meados do século XX em seu "As origens intelectuais da Revolução Francesa", que mais uma vez traz uma perspectiva na mesma direção de Mignet, no sentido de que busca identificar as bases teóricas da Revolução Francesa como a responsável direta por sua deflagração.

Para Mornet, três leis governavam a penetração de novas ideias, que ele identificou como Iluminismo, na opinião pública geral. Primeiro, as ideias desciam pela escala social 'das classes altamente refinadas para a burguesia, para a pequena burguesia e para o povo. Em segundo lugar, essa penetração se difundia do centro para a periferia. Finalmente o processo foi se acelerando no decorrer do século, começando com minorias que antecipam as novas ideias antes de 1750 e prosseguindo nos decisivos e mobilizadores conflitos na metade do século, para chegar, após 1770, na difusão universal desses novos princípios. Isso levou Monet à tese subjacente do livro, de que foram, em parte, ideias que determinaram a Revolução Francesa. (Mornet. Apud Chartier. 2009, p. 26)

Ou seja, não há necessariamente um plano, mas existem ideias que circulam e embasam as ações dos revolucionários. Neste sentido, as formulações de Monet tem pontos em comum com teorias como o conceito de esfera pública do Habermas e a consequente circulação das ideias ligadas à esta, bem como aborda alguns pontos em comum com o conceito de circularidade cultural da historiografia mais influenciada pelos estudos antropológicos, como os estudos do italiano Carlo Ginzburg[7]. Ou seja, uma percepção de que é válido investigar os antecedentes da Revolução Francesa para entendê-la. Visão que também é compartilhada por Tocqueville.

---

[7] Falamos em nível de coincidência de abordagem e não de que haja uma filiação entre Mornet e Ginzburg.

Entre as obras mais recentes de divulgação da Revolução Francesa fora da França, a publicação de Eric J. Hobsbawm também se destaca. Para Hobsbawm, como já anunciado, a Revolução teria influenciado movimentos revolucionários mundo a fora. De fato, é fácil encontrarmos referências à Revolução Francesa pronunciada em posteriores movimentos políticos diversos, como nas independências na América Latina, na Índia ou no Vietnam, na Ásia. Na visão deste historiador:

> A França forneceu o vocabulário e os temas da política liberal e radical-democrática para a maior parte do mundo. A França deu o primeiro grande exemplo, o conceito e o vocabulário do nacionalismo. A França forneceu os códigos legais, o modelo de organização técnica e científica e os sistema métrico e de medidas para a maioria dos países. (Hobsbawm. 2020, p. 98)

Além da citada Revolução Mundial, segundo Hobsbawm, a Revolução Francesa teria marcado o fim último do Antigo Regime, no sentido de que destruiu as relações de privilégios jurídicos dinásticos para com o Estado, heranças do medievo, além de dessacralizar a política e a interpretação da realidade. Na definição do autor, foi a Revolução Francesa quem instituiu valores como a representatividade política, a divisão de poderes, a separação entre política e Igreja (Formação do Estado laico) além de fornecer o já citado vocabulário político mundial.

De fato, a linguagem política é muito referendada na memória da citada revolução. A própria definição de "direita" e "esquerda" são nomenclaturas que prestam homenagem às assembleias da Revolução Francesa. Mas, como posto, a formulação de Hobsbawm, assim como na maioria dos autores já citados, continua sofrendo do mesmo problema já mencionado. Afinal de contas, o quanto podemos atribuir de influência de uma região sobre outra? Até que ponto os movimentos fora da França entendidos como "influenciados" pela Revolução Francesa poderiam acontecer com a ausência ou o desconhecimento da história e memória Francesa? Ou o quanto estes países e povos simplesmente não saíram em busca de símbolos e referenciais nas memórias instituídas que viessem a justificar suas ações e interesses? Não seria, antes, a Revolução Francesa, sintoma de algo bem maior, como a formulação de valores que ultrapassava fronteiras a partir das experiência que vinham sendo vivenciadas desde o século XVI?

Dizer que a Revolução Francesa "influenciou" as independências latino-americanas não teria o mesmo sentido de dizer que o teatro brasileiro, é grego; e a legislação, romana? Hora, o teatro grego só pode ter se instituído na Grécia e não se repetiu em lugar algum; e o direito romano, em Roma e em nenhum outro lugar, todo o mais associada a estes são memórias apanhadas em um universo simbólico para justificar interesses contemporâneos.

De toda forma, a nosso ver, é de um francês uma das definições mais frutíferas sobre a Revolução Francesa. Em seu trabalho "Origens Culturais da Revolução Francesa", o historiador Roger Chartier entende que a mesma estaria ligada a emersão de uma nova concepção política e de sociedade que vai surgir no século XVIII. Ou seja, Chartier, a um só tempo, reformula a ideia de uma Revolução Francesa debitaria do Iluminismo, alegando que foi possivelmente posterior aos acontecimentos revolucionários que se buscaram no passado justificativas "filosóficas" e ideológicas para as transformações ocorridas na França revolucionária, o que daria à busca por as raízes iluminista da Revolução uma conotação de construção de uma memória do passado, mas não necessariamente da construção de um entendimento, pois o que ocorreu, segundo o autor, foi uma seleção de filósofos que melhor se enquadrassem no que se atribuía à Revolução Francesa, em meio a uma diversidade gigantesca e plural de autores, silenciando ao mesmo tempo os que divergiam.

Formulação que, por sinal, ilumina a relação da Revolução Francesa com sua suposta influência sobre o mundo. Neste sentido, os supostos acontecimentos inspirados na Revolução Francesa seriam antes ações que atendem interesses locais, mas que recorrem a uma memória difundida para se criar uma filiação histórica ou justificativa histórica, mas que ao rigor e ao cabo, são eventos atendendo interesses específicos, em realidades específicas resultantes de um homem formado em uma cultura e economia global.

Além desta questão, Chartier também observa que os textos dos filósofos tinham várias limitações de circulação. A enciclopédia de Diderot e D'Alembert, por exemplo, tinham uma circulação extremamente restrita em decorrência de seu preço elevado e por estar voltada a um público muito específico (um linguajar erudito). De tal forma que a literatura mais acessada pelos mais pobres tinham muito mais conotações pornográficas, humor ou textos mais voltados para um público menos letrados, do que propriamente temas revolucionários. Todavia, o autor não nega a tese clássica de Tocqueville, que atribui a circulação de pornografias ou textos criticando a realeza como estando inserido em um processe de dessacralização da monarquia e do clero.

Além destes pontos, Chartier também questiona a tese de que a Revolução Francesa seria fruto de uma mentalidade burguesa em oposição aos privilégios dinásticos, posto que tanto a Nobreza como a burguesia tinham acesso basicamente aos mesmos textos e compartilhavam dos mesmos valores. Todavia, como já posto, o historiador francês não associa a construção de uma nova concepção de Estado e de indivíduo a uma resposta aos acontecimentos, mas antes à imersão de uma nova cultura política, difundida por novelas, romances e panfletos que aos poucos dessacralizara a realeza e a estrutura em vigor. Segundo esta formulação, o fato de existir leis que proibiam a circulação de alguns livros e de que as autoridades encarregadas de fiscalizar o comércio e difusão de tais obras normalmente faziam vista grossa, teria ajudado no entendimento de que algumas leis e regras sociais não precisariam ser seguidas. Somando-se isso à própria natureza de panfletos e de textos pornográficos onde os principais personagens era a sociedade de corte e o clero francês teria ajudado no processo de dessacralização da realeza e dos privilégios dinásticos.

De toda forma, a Revolução Instituiu na França pelo menos um novo tipo de ser humano, o juiz e jure do Estado.

> Surgiu um tribunal independente de todos os poderes e que todos os poderes respeitam, que aprecia todos os talentos, que se pronuncia sobre todas as pessoas de mérito. E que num século iluminado, num século em que todos os cidadãos podem falar para toda a nação por meio da imprensa, aqueles que têm o talento de instruir os homens e o dom de convencê-los – em uma palavra, os homens de letras – são, em meio ao público disperso, o que os oradores de Roma e Atenas eram em meio ao público reunido (Malesherbes Apud Chartier, 2009, p. 63)

A citação destaca tanto o papel da imprensa como veículo de julgamento e análise das ações dos entes públicos, como o papel do escritor como difusor. Independentemente do excesso de protagonismo atribuído pelos "homens de letras", o fato é que com a revolução, as massas foram elevadas à condição de julgadoras e executores e não pareciam seguir orientações dos letrados. As descrições das ações das multidões são impressionantes, tais como assassinatos e esquartejamentos em praça pública, andar pelas ruas com cabeças enfiadas em estandartes, queima de corpos etc. Enfim, a Revolução teve lances extremados, para além dos ideais racionais que as supostas "influências" iluministas sugerem, o que se instituiu mesmo foi um tribunal popular.

# 8. Uma revolução europeia no Brasil?

Uma questão que precisa ser aprofundada são estudos daquilo que Mark Ferro chamou de indigenização dos colonizadores[8]. Ou seja, do aculturamento de colonos europeus que passavam a incorporar os costumes indígenas. A exemplo da tribo dos barbados, entre o Piauí e o Maranhão:

> Constava esta aldeia dos Índios da nação Barbados de 291. casas como se mostra neste mapa entrando as seis casas grades, que estão no meio da dita aldeia das quais servia a uma delas para armazém das armas que são as suas frechas e paus tostados, e nas cinco se acomodavam os índios solteiros porque nas casas que ficam no circuito da aldeia moravam os casados acomodando-se em cada uma delas, seis, sete outros casais com toda a sua família, e nenhum destes índios faz a barba e por esta razão lhe chamam os barbados, e se diz procedem dos primeiros conquistadores que vieram a cidade de S. Luiz do Maranhão e pelo dano que lhes fazia o gentio que habitava naquela Ilha se retirarão para o Rio Itapecuru e entre este e do [rio] Mearim fizeram a sua habitação fazendo pazes com os índios daquele sertão cuja aldeia senão havia descoberto, e somente vinham aos rios acima declarados, e também a Capitania do Piauí fazer danos que se tem experimentado sem que lhes pudessem embaraçar as tropas que em todos os anos sem mandavam para a defesa daqueles

---

8 FERRO, Marc. **A colonização explicada a todos.** São Paulo: UNESP, 2017, p. 81-103

moradores. Tal aldeia fica a parte do sul nas cabeceiras do Rio Pirituro [9].

A aldeia dos barbados nas margens do Rio Itapecuru, no Maranhão traz uma questão central para a compreensão da sociedade que veio a se formar no Brasil colonial: a colonização do colonizador. Ou seja, a colonização não representou apenas o aculturamento dos nativos pelos europeus, mais de trocas culturais, hibridização de costumes e, como no exposto acima, de integração do branco ao modo de vida, religião e costumes dos nativos, pelo menos para aqueles colonos pobres, que vinham para a colônia em busca de oportunidades.

É bem verdade que a citação acima aborda um caso extremo, onde, possivelmente, alguns colonizadores teriam literalmente se integrado ao modo de vida das populações ameríndias, adotando desde o idioma indígena, a organização espacial das moradias, religião, cultura alimentar, organização da comunidade, etc. ao ponto

---

[9] Descrição anônima presente em uma Planta da Aldeia dos barbados, situada nas margens do rio Itaperucu, no Maranhão. ms.: color., desenho a tinta ferrogálica ; 84,1 x 59,3 cm. AHU. Disponível em https://redememoria.bn.gov.br/redeMemoria/handle/20.500.12156.2/301216 , Consultado em 30/08/23. Há também o entendimento de que a tribo dos barbados possa ser de índios que foram simplesmente miscigenados com os franceses durante a França Equatorial. Mas o fato é que temos uma aldeia de gente de pele branca seguindo os costumes nativos, o que indica que os brancos com os quais tiveram contatos, em uma quantidade significativa ao ponto de mudarem o fenótipo da aldeia, foram integrados aos costumes locais, e não o contrário.

de quando estes saíram ou morreram, seus descendentes foram apenas incorporados ao modo de vida local, sem promover aparentemente, para além do fenótipo dos membros do povoado, mudança alguma.

Evidentemente, como sabemos, o mesmo nível de aculturamento do europeu, não foi a regra, mas justamente o oposto. Mas, de uma certa forma, principalmente para as regiões mais distantes, a maioria dos colonizadores e das populações africanas que chegavam aqui escravizadas adotavam um pouco este modo de vida local, tanto que não dá para falarmos que nossa cultura seria uma variante da portuguesa, mas muito mais uma junção de elementos de diferentes referenciais de africanos, indígenas e europeus. Lembro-me, por exemplo, de quando eu era criança na cidade do Ipu, no Ceará, escutar dos mais velhos, todos cristãos devotos e temente "a Deus", as incríveis estórias do Mapinguarí e de como ele imitava a voz de quem falava nas matas para confundi-los e atraí-los para emboscadas; e das recomendações para nunca assoviar nas matas para não atrair caiporas, assim como de sempre andar com um pedaço de fumo no bolso quando precisasse caminhar por mata fechada pra, igualmente, agradar os caiporas e evitar que eles nos atacassem com cócegas até a morte, caso nos esquecêssemos da recomendação de não assoviar nas matas.

Lembremos que até a década de 1970 a grandisssíssima maioria da população do Ceará usavam cerâmicas em seu dia a dia, de tal forma que se os cearenses não poderiam certamente ser caracterizados como uma sociedade puramente ceramista por a utilização de objetos de metal e outros materiais como o couro nos utensílios domésticos, com certeza era inegável a influência das culturas ceramistas nativas, dado o uso generalizado de objetos de argila, recorrendo às mesmas técnicas milenares dos nativos.

Afinal de contas, eram de cerâmica as panelas, pratos, jarras com que se transportava água para os roçados (ou cabaças, mas esta também igualmente uma tecnologia nativa), assim como a forma mais usual de peneirar alimentos como a farinha, era utilizando arupembas ou urupembas (peneiras feitas de palha de carnaúba trançadas), assim como os surrões (grande cestos flexíveis feitos de palha de carnaúba) era a forma mais comum de se transportar e armazenar alimentos como farinha, frutas, grãos e rapadura.

Todavia, para além da evidente complexidade das interpenetrações culturais e do que representou cada contexto histórico e formas de resistir, negociar e sobreviver das culturas nativas e africanas, nas leituras sobre grande parte dos acontecimentos de nossa história, persiste uma interpretação eurocentrada, que se reverbera na produção de manuais escolares que, por sua vez, se reproduzem como coelhos nos vestibulares e exames de admissões das nossas universidades. Teses que continuam exaltando a Europa como o grande centro emanador da civilidade ocidental, ou a locomotiva do mundo do século XV ao início do XX, que subjugaram os bárbaros do novo mundo.

A ideia de que foi a Europa, o local privilegiado onde as revoluções que pariram o mundo contemporâneo nasceram para reorganizar ou inventar a economia de mercado capitalista, a racionalidade, a democracia e a civilidade, continua firme e forte nas universidades e é quase inquestionável nos ensinos de história em todas as esferas educacionais. Historiadores que continuam afirmando que foi a Revolução Francesa que inspirou os movimentos republicanos e emancipacionistas do Brasil colonial e imperial, mesmo que a Inconfidência Mineira (abril de 1789) tendo sido denunciada e reprimida três meses antes da data de início da Revolução Francesa (julho de 1789) e sendo evidentemente uma respostas dos colonos luso-brasileiros de Minas Gerais à política de fiscalização e tributação da Metrópole lusa. Um argumento tão forte, ao ponto de fazer sombra, ai sim, à influência da Revolução Americana que questionava o domínio colonial europeu já em 1776, treze anos antes da Revolução Francesa e que, esta sim, inspirou tanto o movimento republicano no Brasil, ao ponto de nossa primeira constituição republicana ser quase um plágio da carta daquele país.

Todavia, mesmo mediante evidências tão gritantes, nossos historiadores continuam repetindo a tese de que foi a França nossa grande musa inspiradora nas questões políticas, e a Inglaterra nas questões econômicas. Como se as revoluções não fossem respostas a demandas e pressões internas de cada povo, questionando às estruturas de poder estabelecidas, quando estes não correspondem ao que era costume e esperado entre os entes sociais, mas antes uma espécie de teoria que se replica a partir de um centro emanador. Em outras palavras, o que estas interpretações acabam fazendo é defendendo que exista uma incompetência do brasileiro em questionar relações de opressão, a tal ponto que seja necessário pegar de empréstimo questionamentos externos para compor uma espécie de manual revolucionário.

Outros defendem que os movimentos abolicionistas se inspiraram em teses iluministas europeias, mesmo que grande parte dos iluministas franceses do século XVIII fossem reconhecidamente racistas, ao ponto de Denis Diderot afirmar que, quando Hernán Cortés ao "conquistar" a cidade do México, o fez com "um punhado de homens, contra milhares de indígenas", separando em categorias distintas "homens" e "indígenas", ou mesmo sabendo que Palmares e outros muitos quilombos já existissem e resistissem à escravidão desde o século XVI.

Mas de todas as nossas reproduções dos discursos eurocentrados, a minha preferida, que é também uma das menos questionada e mais aceita pelos pares, é a que afirma que a Revolução Industrial é uma revolução inglesa que se espalha pelo mundo, modificando a forma de trabalho e o disciplinamento sobre o tempo, cabendo aos demais países apenas imitar invejosamente as luzes do modelo inglês, corroborando o velho discurso de "missão do homem branco". Evidentemente algumas inovações mecânicas, como a implementação do motor a vapor na produção de tecidos e, posteriormente, nos transportes como trens e barcos a vapor, de fato foi uma ação dos ingleses, que depois espalhou-se pelo mundo. Mas apenas isso explicaria o que foi a Revolução Industrial? Foi a máquina a vapor que produziu a Revolução Industrial, ou teria sido as necessidades de atender uma demanda por produtos manufaturados cada vez mais global que produziu a máquina a vapor? De minha parte, tendo a ver mais pela ótica da segunda questão. Ou seja, que a máquina a vapor e aquilo que é chamado de revolução industrial é resultado direto das demandas instituídas pelo Sistema Mundo Moderno, e este nasceu da integração de outros três grandes sistemas econômicos: o asiático, o europeu e o americano. Sendo mais claro, a Revolução Industrial é um efeito da criação de um sistema mundo, e não o contrário.

Ora, o plantation colonial implantado nas Américas já continha um sistema de trabalho compulsório, em larga escala, voltado para o mercado internacional, com divisão de tarefas, alienação do trabalho, controle sobre o tempo, controle sobre a técnica de produção e recorrendo a maquinários no processo produtivo tal como os engenhos de açúcar, que por sua vez foi copiado pelos portugueses dos inventos dos povos islamizados do Oriente médio e do Norte da África, de tal forma que existe nas terras do Brasil por mais de trezentos anos antes de chegarem aqui as companhias de comércio britânicas, e a nossa "inspiração" para a implementação de nosso modo de produção é apenas inglesa?

Para estes historiadores que reproduzem os discursos que lhes ensinaram a historiografia eurocentrada, por mais sólidos que sejam os vestígios que lhes gritam o contrário, continuam afirmando que foram as Américas que copiaram as "luzes" europeias, por serem estas a pedra angular de seus construtos historiográficos, de tal forma que removê-la seria pôr em risco seus respectivos edifícios conceituais.

Estes historiadores, confortavelmente, para não se darem ao trabalho de irem às fontes ou, o que é pior, para não precisarem pensar, simplesmente preferiram não enxergar estas questões que esperneiam sob seus olhos, para pomposamente poderem citar triunfantes o conceito de "Dupla Revolução" burguesa de Eric Hobsbawm (2020)[10] e reproduzirem exaustivamente o discurso de como as revoluções Francesa e Industrial Inglesa inspiraram e produziram o mundo moderno, civilizando os bárbaros do restante do globo.

De tal forma que, é preferível dizer que nós fomos incompetentes ao implementarmos na política e economia as teorias importadas, quando a prática vivenciada aqui não corresponde aos

---

[10] HOBSBAWM, Eric. **A Era das Revoluções, 1789-1848.** 44ª Ed. Rio de Janeiro/São Paulo: Paz e Terra, 2020.

conceitos ilustrados[11], do que simplesmente assumir que tanto as questões políticas, como de produção e de trabalho seguem tradições distintas das tradições francesas e inglesas.

Também nós aqui, quando falamos de uma história do Ceará, sofremos com estas preguiças historiográficas em abrirem novos caminhos e o comodismo de se contentar com as trilhas previamente e tradicionalmente percorridas. Afinal de contas, pensar fora do que já está estabelecido requer uma grande predisposição para arriscar-se, requer reanalisar origens e reordenar eventos a partir de novas teias de sentidos, para além do estabelecido. Aliás, repensar a história requer a aceitação do risco de ser marginalizado pelos pares. Logo, apesar desta introdução mais abrangente, o foco deste artigo é exatamente discutirmos como o eurocentrismo e o viés de confirmação cria verdadeiros mitos no entendimento do que representaram eventos locais como a Confederação do Equador do Ceará, a Revolução Pernambucana de 1917 e muitos outros acontecimentos que alguns colegas insistem em apontar como resultantes de uma influência europeia e iluminista.

Mas questionar estes saberes estabelecidos não é fácil, sendo o principal perigo a exclusão do proponente dos debates e, nos casos mais graves, o seu ocultamento ou simples esquecimento. Na Grécia

---

[11] Sobre esta interpretação, veja-se, por exemplo: SCHWARS, Roberto. As Ideias fora do lugar. In: **Cultura e política.** São Paulo: Paz e Terra, 2005, p. 59-84.

antiga, por exemplo, Aristarco de Samos (310 a 230 a. C) foi marginalizado por dizer que a Terra era somente um planeta que girava entorno do Sol, questionando então a tese dominante do renomado e respeitado Aristóteles (de aproximadamente 350 a. C), que defendia que a Terra era o centro do Universo e que permanecia imóvel, onde ao redor da mesma giravam todos os demais corpos celestes. Pobre Aristarco, como punição por tamanha ousadia de refutar o Grande Aristóteles, foi marginalizado e mesmo excluído dos estudos astrofísicos até aproximadamente 1543, quando só então Nicolau Copérnico publicou o seu "A revolução dos Corpos Celestes", resgatando o modelo heliocêntrico do filósofo grego, mas ainda assim, sem citá-lo. Tese que foi novamente perseguida e silenciada, de tal forma que ainda levaria mais outros 100 anos (1666) até ser finalmente aceita como inquestionável, mas só depois das comprovações de Isac Newton e sua formulação da teoria geral da gravidade.

Ora, a formulação de Aristarco era óbvia: nós não percebemos o movimento da Terra por o estarmos compartilhando com o nosso planeta. Ou seja, estamos nos mexendo juntamente com ele, daí não vermos as coisas ao nosso redor em movimento. Mas a falta de obviedade não foi o problema de Aristarco, seu problema foi ter questionado uma tese de um estudioso que se tornara muito influente nos círculos de poder, e que seria a base de uma corrente de pensamento ainda mais influente, como o é à filosofia cristã dominante no Ocidente até a atualidade. Assim, enquanto a Igreja controlou o saber acadêmico, Aristarco esteve marginalizado.

Os exemplos seguem também na historiografia, ao ponto de falarmos aqui no Brasil de uma "Revolução Francesa" na historiografia, celebrando historiadores franceses do movimento dos Annales, mas esquecendo que Fernand Braudel copiou, sem citar, a ideia de tripla temporalidade (ou múltipla temporalidade) de Euclides da Cunha, e que este último, ironicamente, é completamente ignorado quando se fala de metodologia de interpretação histórica, inclusive no Brasil, onde é classificado antes como um literato. Ou seja, Euclides da Cunha é descrito entre nós como alguém que trabalha no campo da ficção, mesmo tendo criado o método de análise que influenciou o conceito de múltipla temporalidade. Neste mesmo sentido, o pernambucano Gilberto Freyre em seu Casa Grande e Senzala, já abordava uma história da cultura, dos negros, da comida, da moradia, do comportamento, da sexualidade e de muitas outras temáticas em 1933, quando a chamada Escola dos Annales ainda ensaiava seus primeiros passos como um departamento periférico composto por dois historiadores da Universidade de Estrasburgo.

Ora, é evidente a influência francesa na construção de nossa cultura histórica, se não fosse assim, este artigo seria desnecessário. Mas a questão é que esta influência nos cega ao ponto de ofuscar o pioneirismo de grandes intelectuais brasileiros como Euclides da

Cunha, Gilberto Freyre e Sérgio Buarque de Holanda ao repetirmos que os Annales promoveram uma "Revolução" na historiografia, e estes intelectuais brasileiros, não. Mesmo que "Casa Grande e Senzala" tenha sido traduzido e publicado na Argentina (1942), nos EUA (1946), na França (1952), Portugal (1957), Alemanha (1965), Itália (1965), Venezuela (1977), Hungria (1985) e Polônia (1985), dentre muitos outros países seguindo a partir daí inúmeras reedições. Qual seria então a influência de Gilberto Freyre em uma cultura histórica global? E nacional? Se pegarmos a tríade brasileira: Freyre, Sérgio Buarque de Holanda e Caio Prado Júnior, qual seria a influência destes historiadores sobre nossa cultura histórica? E Capistrano de Abreu? Qual a influência deste historiador do Ceará? É claro que há estudos sobre estes historiadores brasileiros citados, o que não há é uma proporcionalidade entre a quantidade de textos produzidos celebrando uma influência francesa ou inglesa, como temos como "thompsonianos", "foucaultianos", "certeaunianos" e muitas outras classificações que reivindicam filiações em matrizes de pensamento de intelectuais europeus, em comparação com reinvindicações de historiadores que se definam como "capristanianos", "freyreano", "holandaniano" ou "pradojuniano". Já escultei bem mais autoproclamados "foucaultianos" do que gostaria, mas nunca escutei ou li um "capristaniano". Isso significa que nossas correntes de pensamento morrem com seus criadores? Seria esta ausência uma das primeiras consequências do colonialismo epistemológico que se abateu sobre o Brasil? Deixemos esta indagação no limbo, até que um leitor aventureiro a queira aprofundar, ou este pesquisador encontre tempo para mais uma vez escrever um livro que quase ninguém irá ler.

Entendemos que nossa historiografia sofre do mesmo mal que nossas referências conceituais para pensarmos nossa história, no sentido de que a pensamos como se a todo instante os personagens históricos daqui estivessem imitando o que acontecia na Europa. Ora, circularidade cultural em um mundo globalizado sempre houve, como vimos, desde pelo menos o século XVI. Todavia o que motiva um indivíduo a agir nunca é o fato deste conhecer ou desconhecer um teórico estrangeiro, mas antes quando uma situação questiona ou ataca aquilo que é considerado moralmente estabelecido, ou os interesses de um grupo influente. As influências das "ideias" estão na ordem do que é pensável e concebido como aceitável ou não, mas é nas relações de forças e jogo de interesses locais que se estabelecem os conflitos.

Por outro lado, pensar para além do obvio requer não só um diálogo com os pares, mas principalmente confrontar linha a linha o que já foi dito e estabelecido, e comparar com o que se descobriu na fonte ou o que se pensou fora do que já estava colocado por historiadores que, muitas vezes, são nossas referências no tema em questão e, portanto, gozam de largo prestígio acadêmico. O que faz da pesquisa necessariamente um ato de ousadia, ou pelo menos assim deveria ser. Afinal de contas, evidentemente, colocar-se contra o establishment significa, na prática, atacar "medalhões" da historiografia, o que costuma provocar a exclusão do proponente dos questionamentos do debate acadêmicos.

O que, por sua vez, requer, antes de tudo, coragem para desdizer o que estes disseram, quando assim for preciso, pois como já o colocara o velho Nietzsche, é preciso bater nos ídolos com um martelo para testar suas consistências, de tal modo que a melhor forma de "respeitar" um autor em todas as áreas do conhecimento, não é repetir o que este já disse, mas confrontar linha a linha o seu escrito, munido de um bom arcabouço de fontes, base teórica e método de pesquisa. Em outras palavras, para além de celebrada, a pesquisa existe necessariamente para ser confrontada pelos pares.

## O Instituto do Ceará e a construção do mito da influência europeia sobre os eventos de 1817, 1822 e 1824.

> Da França [...] nos viriam, pois, ainda moldados em suas oficinas, os princípios da liberdade que nos conduziria à Independência e à atual forma de governo. Com eles receberíamos os fermentos das sedições e pronunciamentos que, tanto se evidenciando nos entreveros sangrentos do Primeiro Reinado e nos dias difíceis da Regência, deveriam culminar na malfadada revolução que criou a temporã república brasileira de 1889[12].

É bem verdade que as ideias audaciosas provenientes da Revolução Francesa [...] aqui encontraram solo fértil, na ânsia de uma autonomia capaz de propiciar a instauração de uma estabilidade desejada, mas condicionada ao controle da monarquia lusitana aqui instalada não permitiram o alcance inovador sonhado pelos líderes desse movimento[13].

O primeiro texto citado acima foi escrito pelo médico, militar e membro do Instituto do Ceará Studart Filho no ano de 1960, que por sua vez já repetia os argumentos de seu pai, o Barão de Studart, de um escrito em 1917[14]. O segundo, concordando com o primeiro, data de 63 anos depois, produzido pelo historiador e professor universitário Gisafran Nazareno em 2022 e publicado pela Universidade Federal do Ceará naquele mesmo ano. Neste mesmo sentido, a tese da filiação francesa dos movimentos políticos do Ceará também é referendada por Geraldo Nobre e Maria de Carmo R. Araújo[15]. Tal resiliência da citada tese leva-nos, evidentemente, a

[12] STUDART FILHO, Carlos. A Revolução de 1817 no Ceará. In. OLIVEIRA, Júlio Lima Verde Campos. **O Ceará na Independência do Brasil.** V. 1. Fortaleza: UFC, 2022, p. 50. Inicialmente publicado em **Revista do Instituto do Ceará,** Tomo 74, p. 5-99, 1960.

[13] JUCA, Gisafran Nazareno Mota. 200 anos da Independência do Brasil. In OLIVEIRA, Júlio Lima Verde Campos. Op. Cit.

[14] STUDART, Guilherme. 3 de maio de 1817: o movimento de 17 no Ceará. In: **Revista trimensal do Instituto do Ceará.** Tomo XXXI, Anno XXXI, p. 107-160, 1917.

[15] Respectivamente NOBRE, Geraldo. A Revolução de 1917 no Ceará e ARAÚJO, Maria do Carmo R. A participação do Ceará na Confederação do

nos perguntarmos sobre seus fundamentos e se, de fato, a circulação destas informações sobre as revoluções europeias, e ideias de pensadores europeus representaram motivações a moradores do Brasil entre o final do século XVIII e a primeira metade do XIX? Afinal de contas, as ideias e notícias promovem revoluções? Vejamos alguns casos de Pernambuco e do Ceará. Comecemos pelas citações logo abaixo de autoridades do Ceará sobre a Revolução do Porto.

Sabendo da Revolução do Porto que exigia o juramento a uma constituição e convocava eleições gerais para se elaborar esta mesma constituição, o então governador do Ceará, Francisco Alberto Rubim, estabelece um paralelo ao que teria acontecido na França em 1789, e convoca a população da província a resistir às pretensões das cortes. O constitucionalismo luso, por sua vez, era uma reação a uma mudança fundamental no Império: a vinda da família Real portuguesa para a América e a nova organização política que se formava no entorno do rei na nova sede da Corte, agora no Brasil. Em nível de Ceará, os posicionamentos adotados a partir de então deram-se de forma reativa, provocado por uma nova necessidade de rearranjo de forças, que desorganizava a estrutura em vigor até ali. Ou seja, os movimentos políticos do Ceará de 1821 e 1822 estão relacionados à necessidade de reformulação de um novo equilíbrio

Equador. In: SOUZA, Simone. **História do Ceará.** Fortaleza: Demócrito Rocha, 1994.

de tensões entre os senhores locais e a nova demanda gerada por a imposição de um constitucionalismo que limitaria os poderes do Rei português e, consequentemente, mudaria as relações de poderes locais como a influência dos capitães-mores de ordenanças e todos em nível local e provincial, que por sua vez representavam este poder real até ali nas vilas do interior do Ceará. O que significa dizer que a uma mudança no equilíbrio de tensões existente, e não uma influência filosófica que questiona o *status quo*.

Entre as populações mestiças, negras e indígenas do Crato, por exemplo, a constituição também foi vista como uma ameaça, por está associada à ampliação de poderes dos senhoriatos locais, o que significava, para aquela população, a ampliação de risco de escravidão[16], muito associado no Ceará à demanda dos senhores locais por mão de obra escravisável. E aqui entramos no ponto central. As populações do Ceará, ou pelo menos as do Crato, leram aquela mudança a partir de suas experiências. Ninguém ali, mediante as notícias de uma revolução constitucionalista, erigiu o indicador e bradou "abaixo a tirania", mas justamente o contrário. Aquelas populações negras e indígenas do Crato identificaram na ampliação de poderes dos senhoriatos a possibilidade do crescimento da opressão destes sobre os pobres, em especial negros e índios livres e

---

[16] ARAÚJO, Reginaldo Alves de. Constitucionalismo e Independência do Brasil no Ceará. In: ARAÚJO, Reginaldo Alves de e IRFFI, Ana Sara Cortez. **Independência e formação do estado nacional Brasieliro na província do Ceará (1820-1835).** Fortaleza: UFC, 2022, p. 21-52.

libertos, e é justamente esta base interpretativa que, em 1822, marchou sobre Fortaleza para garantir os direitos do Imperador e contra o "Despotismo" das Cortes de Lisboa, no que a historiografia do Instituto do Ceará veio classificar de "Independência no Ceará", seguindo a onda de influência "liberal".

Seguindo com os fatos: em fevereiro de 1821 chegou a notícia no Ceará de que D. João VI havia jurado a Constituição Portuguesa a ser promulgada pelas Cortes de Lisboa, desencadeando uma série de reações:

> Havendo no reino homem ambiciosos, loucos, e perdidos, que infelizmente com o nome de Portugueses querem mudar de governo, e com especiosos , e falsos motivos nos querem conduzir a ser traidores ao Nosso Augusto Soberano o senhor Dom João Sexto, e perjurar aos sagrados juramentos que a pouco lhe demos solenemente prometendo nos grandes bens com tais mudanças; motivo por que recomendo a Vossas Mercês por estar certo na honra fidelidade, lealdade de cada um dos Membros dessa Nobre senado da Câmara para que lembrem a esses Povos da Fortuna que tiveram os Franceses revolucionários, que só viram destruidora guerra[17].

> Achava-se comandando a Villa do Crato, e as forças desta Comarca, o Coronel de Comissão e Major de Linha, Francisco Ferreira de Souza, no mês de Abril deste ano, e

17 RUBIM, Francisco Alberto. Fortaleza, 25 de março de 1821. Correspondência à Câmara da Vila do Crato. In. CEARÁ, Carta do governador do Ceará ao rei [D. João VI], sobre as arbitrariedades e despotismo do ex-governador daquela capitania, Francisco Alberto Rubim. Brasil-Ceará, 5 de novembro de 1821, Fortaleza., Conselho ultramarino, Caixa 23, doc. n. 1331. AHU.

recebido participação oficial do Governador de Provincia Francisco Alberto Robim, de ter Sua Majestade, por Decreto de 24 de Fevereiro, Aprovado a Constituição, que fizerem as Côrtes Gerais, de Lisboa, quis publicar por dando esta Santa noticia, porem recebi a um Oficio da Câmara, proibindo-lhe, no Real Nome de Sua Majestade, e da publicação, por influencias do Capitão [ilegível] da mesma Villa, Jose Pereira Filgueiras, e do Coronel da Cavalaria Militar, Leandro Bezerra Monteiro. Foi o dito Coronel Comandante à Câmara convocando o Vigário da Freguesia, os ditos Capitão-mor, e Coronel de Milicia, os quais desprezando o parecer do Comandante Geral, e do Vigário, se apuseram, dizendo o Coronel, que antes teria as mãos Cortadas, do que assignar semelhante Cousa, apesar contudo, desta repugnância, sempre cederam de alguma forma e publicou-se. Desta indireta oposição dos ditos Chefes, e das expressões, que soltavam [ilegível] e seus reflexão, resultou o persuadir-se o povo, de que a Constituição era má. Em um dos últimos dias do dito mês começou nos subúrbios da Villa grande número de Cabras e mulatos a pesquisarem esta novidade, e dela murmurando em termos ameaçadores, de sorte que vendo-se o dito Coronel Comandante sem forças, para se opor a qualquer tentativa dos ditos povos, e em colisão, recorreu logo ao D.r José Raimundo de Porbém Barboza, Ouvidor, e Criador que foi desta Comarca, o qual se achava na vila do Icó, encarregado pelo Governador da Provincia de Várias Comissões importantes, desde que chegou aqui a notícia da mudança de Governo da Bahia, que se pintou, como uma revolução do mal e se tomarão medidas em quanto não veio a relação exata dos factos, e o dito Dr. vendo que eu me achava [ilegível] molesto de uma terrível apletilmea [?] agruras de conhecer o risco de vida a que se apanhei, aceitou a nomeação, que lhe dei, de Ouvidor pela lei, e rapidamente partiu para a dita vila. Antes de sua chegada, no dia 2 de Maio, mais de 800 Cabras armados assaltarão a Villa, dizendo que vinham Matar o Coronel

Comandante Geral, por ter obrigado o seu Capitão Mór e o Coronel de Milicia a assignarem a lei do Diabo, mas o dito Coronel Comandante, assim que os avistou, caminhou para eles desarmado e com toda o intrépido valor, fez-lhe uma fala, acompanhado do Capitão Mor e Coronel de Milicia que acabou em dá vivas a El Rei, sem contudo falar em Constituição. No dia três concorrerão outros muitos; mas não chegarão a entrar na Villa. Continuarão os seus chefes nas suas demonstrações de desengano contra a Constituição, dizendo que El Rei a tinha Assinado, e jurado, constrangidamente, e o que se seguirão boatos e ditos câmara de amotinar mais e mais, os ditos pardos e Cabras, e crioulos, de que há grande número naquele distrito, e na Villa do Jardim[18]

Evidentemente, as pessoas que viviam no Brasil, mesmo os habitantes das regiões mais distantes do litoral, que por estarem pertos dos portos costumavam terem acessos mais fáceis aos periódicos, razoavelmente sabiam o que estava acontecendo, e se posicionavam a respeito. O alerta de Rubim, chamando atenção para o que aconteceu na França revolucionária, demostra sim que as histórias dos movimentos políticos da Europa eram relativamente conhecidas no Ceará, inclusive, várias matérias sobre os rumos políticos europeus eram largamente publicados nos jornais e, de fato, alguns daqueles senhorios locais haviam estudado na Europa,

---

[18] CEARÁ. Ofício do ouvidor do Crato, José Joaquim da Costa Pereira do Lago, ao Presidente das Cortes Gerais de Lisboa [João Batista Filgueiras] sobre os acontecimentos decorridos naquela vila em função do juramento da Constituição. Conselho Ultramarino, Crato-Ceará, Brasil, 22 de agosto de 1821. Caixa 22, doc. Nº 1318. AHU.

inclusive Rubim, e as matérias de jornais costumavam serem lidos em público ou em reuniões em casas particulares, assim como os padres costumavam falar sobre estes assuntos nos sermões das missas dominicais. Mas a questão central aqui proposta não é propriamente esta. Ou seja, não é sabermos se havia ou não circulação de informações sobre a Revolução Francesa no Brasil do século XVIII e XIX, mas saber se estas ideias inspiraram os eventos aqui promovidos, tais como as revoltas existentes durante a Crise do Sistema Colonial e a Independência do Brasil, em especial pegando o caso do Ceará.

Lembremos que esta tese de que as ideias conduzem as ações é uma das principais defesas da teoria Estruturalista, a exemplo do famoso discurso de Foucault em sua aula inaugural no College de France, onde este define a relação entre indivíduo e discurso quase como se as pessoas fossem colonizadas pelos discursos que as antecedem, estando na condição de apenas repetirem as correntes de pensamento em circulação, deixando pouco ou nenhum espaço para as inovações de pensamento.

Ora, é evidente que a categoria do pensável depara-se com um arcabouço prévio de conceitos que torna alguns fenômenos inteligíveis, e outros nem tanto. Mas as ações individuais são indispensáveis e estas atuam necessariamente no campo do vivido, no presenciado e nas relações de forças do que se constitui como real. Em outras palavras, as pessoas agem e reagem a partir de um contexto vivido e sentido, dentro das relações de valores estabelecidos em um intricado sistema de negociação, interações, disputas por espaço de influência específicos de cada lugar, época e crises sobre as quais um povo, região ou sistema de governo é envolvido. Ou seja, entendemos que as ações respondem às realidades materiais e simbólicas que as rodeiam, e não a inspirações externas. Logo, não é por ter existido uma Revolução Francesa que os pernambucanos em 1817 resolveram depor o capitão-mor governador de então, mas sim por um conjunto de questões que vinham desagradando os mercadores e grandes proprietários locais desde pelo a segunda metade do século XVIII e se intensificado em 1799 com a separação da capitania do Ceará e da Paraíba, e em 1808 com a implementação da Corte no Rio de Janeiro. Tomada esta decisão de romper com o governo, aí sim, os "exemplos" externos davam as justificativas para as ações previamente já tomadas.

Neste mesmo sentido, no Ceará de 1821, significa dizer que a decisão de Rubim em rebelar-se contra a Constituinte dar-se por esta representar uma ameaça à sua condição de Governador de província no Ceará, assim como das populações do Crato em não aceitarem a nova condição constitucional dar-se muito mais por ser encarada como uma ameaça a liberdade das populações negras e indígenas locais, que temiam uma ampliação do poder dos senhores de terra da região. Ou seja, os movimentos citados foram, antes de qualquer outra coisa, reações à mudanças em relações de forças que até ali eram naturalizadas pelos moradores de uma região e, de repente, viam esta condição ameaçada por eventos e modificações vindas de cima. Neste sentido, não é uma influência externa que vai desencadear o espírito revolucionário nas províncias do Norte, foi antes o reflexo local das condições políticas e econômicas que Portugal entrou na crise do Antigo Regime europeu.

Sem mais rodeios, entendemos que não é pelo fato de existir um questionamento ao poder dinástico que provoque necessariamente a insatisfação das populações locais e levem estes a se rebelarem contra a ordem estabelecida, mas justamente o contrário. Quer dizer, são os abalos na ordem e organização social existente que desencadeiam reações nos entes sociais, de onde os resultados podem ser imprevisíveis. Logo, ao falarmos em movimentos locais, busquemos nas questões locais as suas respostas, ao invés de supostas inspirações de ideias vindas da Europa. Paremos de alimentar entre nós o eurocentrismo.

No Ceará e em Pernambuco, o discurso de uma influência europeia é mais forte sobre a chamada Revolução Pernambucana e a Confederação do Equador. Quase inevitavelmente está lá a citação da tal influência iluminista, mesmo quando os autores reconhecem que a região passava por profundas transformações econômicas advindas da perca de território e, consequentemente, de mercado para os mercadores de Olinda e Recife, uma vez que as capitanias do Ceará e Paraíba passavam a comercializar diretamente com a Corte desde que se tornaram autônomas em 1799, diminuído significativamente os lucros destes comerciantes de Recife e Olinda. A questão se agrava com a intensificação da cobrança de impostos em decorrência da vinda da Família Real para o Rio de Janeiro, além da decadência econômica em decorrência da concorrência internacional na produção açucareira, o que empobrecia a principal classe social da região: os senhores de engenho do sertão pernambucano. Até que em um evento banal, um brigadeiro ao repreender em público um oficial local de baixa patente mas ligado aos senhoriatos locais, que reagiu e matou o brigadeiro, desencadeando uma onda de violência contra portugueses de Portugal, os chamados "marinheiros", resultando na destituição do governo da província e na formação de um governo improvisado, que a partir daí tenta organizar um novo governo provincial, rompendo com o Rio de Janeiro e definindo a República como norte.

Até onde sabemos, não há nenhuma organização prévia, nenhuma organização de uma comissão ou assembleia para deliberar como seria um possível golpe local para derrubar o governo e organizar uma república, mas ante um ação atabalhoada que resulta em um governo improvisado, que desesperadamente procurava apoio nas províncias vizinhas e nos EUA para se manter no poder. Evidentemente, depois de constituído, é preciso se buscar as referências que justifiquem as ações, e é ai em que entra a associação à "exemplos" externos, seja na França, seja a conceitos mais genéricos como a ideia de liberdade e ação contra o despotismo. Ou seja, a materialidade do real e a ação antecede a teoria, e não o contrário.

O que significa dizer que os movimentos políticos pernambucanos de 1817 tem inexoravelmente uma motivação econômica local, que pode ser definida como a decadência econômica dos mercadores e produtores da região, o crescimento dos impostos e o crescimento do endividamento e a consequente destruição de patrimônio dos senhoriatos da região. É claro que, para se questionar a situação estabelecida, era necessário se pensar em novas propostas e é daí de onde vem as referência ao republicanismo. Em outras palavras, não é o republicanismo que leva à revolução, mas as demandas locais que, depois de efetivadas, buscam justificativas teóricas para as ações que precisam serem tomadas. A escassez em mesas que um dia foram fartas sempre alumia as feições tirânicas dos governos, na razão oposta que a fartura em mesas que até ali eram escassas, as sombreia.

A mesma questão pode-se dizer de 1824. Tínhamos elites locais que a partir de 1822 tornaram-se membros de uma elite política nacional, convidadas a desenhar as normas da organização do Estado brasileiro em formação, assim como em formar seus governo provinciais pela via eleitoral. Conquistas que foi suspensa abruptamente pela medida de Pedro I ao destituir a assembleia constituinte de 1823 e as Juntas Administrativas Provinciais. Ou seja, em 1824 o governo central passou a ser visto como estando traindo um acordo estabelecido em 1822. O que significa dizer que não foi um projeto de mudança política que foi pensado por uma burguesia e implementado quando estava todo organizado. Tanto 1817 como 1824 não foram pensados para substituir um governo imperial por um republicano, mas sim reações a condições postas de seus contextos, sendo que em 1823 e 1824, a partir dos interesses políticos dinásticos de Pedro de Alcântara, bem como dos apelos "colonialistas" da elite comerciária do Rio de Janeiro sobre as demais províncias, foi dado um golpe centralizador em favor do Imperador com apoio de grandes setores econômicos da Corte e províncias próximas que lucravam com a centralização do poder, o que desencadeou nas províncias de Pernambuco, Ceará, Piauí, Rio Grande do Norte, Paraíba etc., reações ora em maior escala, ora em menor, mas também atendendo aos interesses mercantis de setores dos mercadores e senhoriatos destas províncias. Nestas reações, Pedro de Alcantara passa a ser visto como traidor da causa nacional.

Mas mesmo com todos estes fatores locais, a referência a citada "influência" iluminista é quase obrigatória quando se fala dos movimentos de 1817 e 1824. Uma tese que foi edificada em finais do século XIX e início do XX, no momento em que surgia o IHGB (Instituto Histórico e Geográfico Brasileiro) e, no Ceará, o nosso Instituto do Ceará (Instituto Histórico, Geográfico e Antropológico) que persiste até a atualidade, ganhando forte apelo na fase

Republicana, que queria enxergar raízes republicanas em nossa história, bem como queria aproximar a história do Brasil de sua matriz europeia, não só instituindo nossa versão de História pátria, mas construindo/consolidando a tese da filiação francesa do Estado brasileiro.

Em nossa ótica, defender uma "influência europeia" sobre acontecimentos aqui nas Américas, faz o mesmo sentido de dizer que a Expansão Marítima só ocorreu por influência árabe e chinesa, afinal de contas, a vela móvel era uma tecnologia árabe, assim como as rotas de comércio ligando a Europa à Ásia foi primeiramente uma prática árabe, além de tecnologias como a pólvora, o papel e bússola eram inventos chineses.

**O mito do herói republicano: o caso de José Pereira Figueiras.**

> ...desde cedo ostentou força física e sua fama de valente circulou pelo sertão [...]. Diante de tamanho reconhecimento, Filgueiras agiu ativamente em importantes momentos da história do Ceará. Foi responsável por reprimir os apoiadores da Revolução Pernambucana em 1817 [...], além de participar da Batalha do Jenipapo [...] passou a ser chamado com a vitória de 'Napoleão das Matas' ou 'Napoleão dos Bosques'[...]. Insatisfeito com a política centralizadora de D. Pedro [...], Filgueiras aderiu à Confederação do Equador[19].

[19] REIS, Arthur Ferreira. Filgueiras, José Pereira. In: OLIVEIRA, Cecília Helena de Salles e João Paulo Pimenta (orgs). **Dicionário da**

A descrição acima sobre Filgueiras foi feita por um professor e historiador da Universidade Federal do Espírito Santos no ano de 2022. Costumeiramente descrito como um revolucionário republicano, que juntamente com, Tristão de Alencar Araripe, José de Alencar e o Padre Loyola de Albuquerque e Mello (o Padre Mororó) aliou-se ao projeto de governo dos pernambucanos Frei Caneca, Manuel de Carvalho e João Guilherme Ratcliff, rompendo com o Império do Brasil e pregando o separatismo, portanto fundando um novo país no que é atualmente o Nordeste brasileiro, Filgueiras é sem dúvidas um dos personagens de nossa história sobre o qual mais se tentou definir intenções e interesses políticos entre 1817 e 1824.

De longe, a tese dominante é a de que este teria aderido aos anseios republicanos propagados pela família Alencar, depois de um breve e "sombrio" passado como defensor do Antigo Regime em 1817, o então Capitão-mor de ordenanças do Crato teria se rendido à causa constitucionalista em 1822, quando mediante a hesitação do então presidente da Junta de Governo do Ceará José dos Passos Porbem Barbosa em aderir ao projeto de independência do então Principe Regente Pedro de Alcantara e de José Bonifácio de

**Independência do Brasil:** história, memória e historiografia. São Paulo: Edusp: BBM, 2022, p. 385

Andrada e Silva, ameaçou marchar contra Fortaleza com um contingente estimado em 08 mil soldados.

Todavia, em 1822, o que Filgueira afirmava mesmo era que sua marcha contra o governo de Porbém Barbosa dava-se por este, em uma alegada concordância com as Cortes de Lisboa, ameaçar os direitos dinásticos do então regente Dom Pedro de Alcantara: "...os povos cheios de complacência punham a sua esperança no Augusto Regente do Reino do Brasil, o governo provisório do Ceará [ilegível] não dava ordens e nem mesmo fazia publicar os direitos do Imperador então Príncipe Regente"[20].

Um pouco mais de um ano antes, apoiando uma determinação do então Governador Francisco Alberto Rubim o mesmo Filgueiras havia se recusado a jurar a Constituição no Crato, apoiando as pretensões de Rubim de opor-se ao constitucionalismo e preservar o Ceará no Antigo Regime. Ou seja, para o Ceará continuar sendo administrado como uma monarquia absolutista, enquanto o resto da América portuguesa aderia ao constitucionalismo luso. De tal forma que as manifestações e ações de Filgueiras a favor do Antigo Regime vinham desde 1817, quando este prendeu a família Alencar,

---

[20] José Pereira Filgueiras. Registro de um ofício nº 1º do Governador das Armas desta província ao Ilmo. e Exmo. Senhor José Bonifácio de Andrada e Silva, ministro e secretário de Estado dos Negócios do Império do Brasil com data de vinte de fevereiro de mil oitocentos e vinte e três. CEARÁ. Governo das Armas às Cortes Gerais portuguesas e ministros no Rio de Janeiro, ofícios (livro duplo). Data: 1822-1823, caixa 13, livro 46, APEC.

que então pretendia aderir ao movimento iniciado em Pernambuco, e os conduziu para Fortaleza.

O que acontecia entre 1821 e 1822 era um claro posicionamento de Filgueiras contra o constitucionalismo luso. E foi com a pretensão de combater o constitucionalismo das Cortes Portuguesas que o então capitão-mor do Crato, juntamente com outros senhoriatos do Crato e Icó, montou um governo paralelo nesta última vila e juntou forças para derrubar a Junta de Porbém Barbosa.

Autoproclamado governador das armas na Segunda Junta Administrativa do Sertão, Filgueiras torna-se governo do Ceará, estendendo seu campo de influência de uma vila de pouca significância no nascente Império do Brasil como capitão-mor de uma vila do interior do Ceará, para uma das mais influentes liderança política da agora Província do Ceará. Em outras palavras, de alguém que tinha seu poder pela graça de sua majestade, passou a ser alguém muito influente pela graça das armas e, como tal, não estava disposto a sair deste posto conquistado a ponta de espada e bacamarte. Foi neste contexto que Filgueiras e toda a Junta do Sertão receberam a notícia de que tanto a Assembleia Constituinte de 1823, como as Juntas Administrativas tinham sido destituídas pelo então Imperador.

Evidentemente, a partir do momento em que Filgueiras e Tristão de Alencar colocaram-se contra o então nomeado Presidente do Ceará Pedro José da Costa Barros, estava consolidado ali uma ruptura com o governo de Pedro I, uma vez que Costa Barros era um "delegado" do Imperador. Todavia não há nenhuma frase, aceno ou manifestação de Filgueiras em defesa do republicanismo. No Diário do Governo do Ceará, o principal veículo de comunicação dos rebeldes do Ceará de 1824, há uma série de manifestações contra o despotismo e a escravidão[21], assim como exaltação da liberdade de governo, além de um temor de uma suposta invasão e recolonização portuguesa. Mas não há ali defesa nem do separatismo, e sobre o republicanismo, penso que é preciso maiores estudos sobre o significado deste conceito para aqueles homens criadores de gado e produtores de rapadura do interior do Ceará. Afinal, já sabemos que as notícias chegaram no interior cearense através de periódicos vindos da Corte, de Pernambuco e do Maranhão, então eles sabiam o que era o conceito moderno de República, Constituição e Federação; mas, por outro lado, estamos falando de chefes locais com títulos vitalícios e com um poder patrimonialista sobre as populações de suas vilas.

Uma ausência que, inevitavelmente, leva a pergunta: se a Confederação do Equador do Ceará era um projeto separatista e de implementação de um governo republicano, por que não expressar publicamente esta característica, uma vez que de julho de 1824,

---

[21] O que se chamava de escravidão nas páginas do Diário do Governo do Ceará não era o trabalho escravo, mas a submissão a um governo imposto pelo Imperador.

quando há a proclamação pernambucana até novembro daquele mesmo ano, eram os confederados que estavam no poder e não tinham motivo algum para moderarem seus discursos?

Neste sentido, nos aproximamos mais da interpretação do pernambucano de Denis Bernardes, que entende que a Confederação do Equador como um movimento constitucionalista e contrária ao centralismo de Pedro I[22]. O que não quer dizer que, entre os envolvidos no movimento Confederação do Equador inexistisse propostas de separação do resto do Brasil ou de institucionalização de uma República, mas que este não era o cerne do movimento. Silva Carla Pereira de Brito Fonseca, no verbete "Confederação do Equador" no "Dicionário da Independência do Brasil", também traz de volta a interpretação de que a tese "separatista" foi construída pelo IHGB durante o Segundo Reinado[23]. Sabemos também, de antemão, que D. Pedro teria acusado o movimento de separatismo, mas que, para além da acusação, nunca houve alusão alguma em defesa do separatismo por parte dos confederados.

A declaração que costumeiramente é associada a um republicanismo precoce do Ceará ao romper com a Monarquia e promover um governo Separatista, é uma declaração feita pela

---

[22] BERNARDES, Denis Antônio de Mendonça. **O patriotismo constitucional:** Pernambuco, 1820-1822. São Paulo: Fapesp:UFPE,2006.
[23] FONSECA, Silva Carla Pereira de Brito. Confederação do Equador. In: OLIVEIRA, Cecília Helena de Salles e PIMENTA, João Paulo. **Dicionário da Independência do Brasil.** São Paulo: BBM e IEDUSP, 2022, p. 245-248.

Câmara de Vereadores de Campo Maior (Quixeramobim) em 09 de janeiro de 1824, antes da proclamação pernambucana de 02 de julho e de promulgação da Constituição em março de 1824.

Na proclamação de Campo Maior há uma alusão a instalação de uma República além de declarar extinta a dinastia dos Bragança no Ceará e nomear uma deputação para dar posse ao capitão-mor Filgueiras, mas o faz em nome do Clero, Nobreza e Povo da mencionada vila. Ou seja, ao mesmo tempo que diziam destituir o monarca, aquela é uma proclamação feita por indivíduos que se classificavam com os mesmos termos das ordens e estamentos do Antigo Regime europeu, identificando-se como Nobreza, Clero e Povo, tal como se fazia as divisões sociais nas monarquias do Velho Mundo[24] desde o Império Carolíngio. Resta-nos a pergunta: quem eram os proclamados nobres de Campo Maior? Como o Clero pensava um governo Republicano? A nobreza eram os então Capitães-mores de ordenança? Apesar das distâncias das sociedades de corte, os comandantes de ordenanças das vilas tinham títulos vitalícios, que era o que mais se aproximava de uma nobreza local, até porque muitos deles também ganhavam comendas de ordens

---

[24] CAMPO MAIOR. Ata da Câmara de Campo Maior destituindo o imperador dom Pedro I e proclamando a República (09 de janeiro 1824). In: Firmo, Érico. Há 195 anos, Quixeramobim destituiu o imperador e proclamou a República. O Povo. 09 de janeiro de 2019. https://www.opovo.com.br/noticias/ceara/quixeramobim/2019/01/ha-195-anos-quixeramobim-destituiu-o-imperador-e-proclamou-a-republic.html. Consultado em 02/08/2023.

nobres e clericais dadas pelo rei e outros nobiliarquias, mas não existia nada parecido com uma nobreza hereditária. Todavia, estes senhores de terra, nos arredores de sua vila, agiam sim como uma nobreza e exigiam, inclusive, privilégios jurídicos.

São cheios, por exemplo os relatos de senhores de terras do interior do Ceará libertando prisioneiros de cadeia, desafiando juízes e ouvidores, como o próprio Filgueiras o fazia.

Mas o fato é que ele, Filgueiras, de fato participou da Confederação do Equador ativamente, sendo, eu diria, o principal nome deste movimento no Ceará, uma vez que era este que a sustentava militarmente, acima até de Tristão de Alencar Araripe, que presidia a junta administrativa rebelde de 1824. E aqui precisamos considerar duas questões centrais. Primeira: Filgueiras e toda a junta do sertão chegou ao poder da província não em 1824 com a destituição de Pedro José da Costa Barros, mais antes o grupo de Filgueiras e Tristão Gonçalves já ocupava a função de governo desde 1822, e nesta condição considerou o recém nomeado Costa Barros como um governo ilegítimo, por representar uma ruptura com as forças que, inclusive, haviam ajudado nas guerras de independência de 1822 e 1823. Além disso, a constituição que o imperador "mandou" jurar, passou a ser vista como uma traição do mesmo aquelas forças que haviam lutado por ele em 1822. Segundo: em novembro de 1822 Filgueiras liderou um levante contra as Cortes de Lisboa, onde o mesmo acusava o então presidente da Junta Administrativa eletiva, José dos Passos Porbém Barbosa, de se recusar a reconhecer os direitos dinásticos de Dom Pedro I. Assim como um ano antes deste levante, o mesmo Filgueiras deu várias declarações em público contra o constitucionalismo, cujo mesmo classificava de "Lei do Cão", provocando inclusive o movimento dos Cerca Igrejas". Sem falar da já citada atuação dele em 1817. Logo, definir de forma tão apreçada o movimento de 1824 como uma tentativa de independência/separação e de implementação do republicanismo das províncias do Norte por parte dos confederados, chega a soar como uma generalização demasiadamente simplista, até por se limitar a reproduzir as acusações dos inimigos deste movimento.

O que não significa dizer que entre os envolvidos no movimento de 1824 não houvessem declarações republicanas, ora, o próprio Tristão de Alencar Araripe a faz. Significa antes afirmar que o que existia era toda uma polifonia de debates e propostas em enfrentamento e rivalidade recíproca, na mesma proporção em que se opunham às ações vindas do Rio de Janeiro. Teses e antíteses que não tiveram tempo de amadurecer. Identificar essas contradições internas ao próprio evento denominado de Confederação do Equador, é nosso DEVER DE OFÍCIO, e não de ficar repetindo o discurso acusatório de seus críticos ou revigorando os mitos de afirmação de uma pretensa ancestralidade republicana.

Logo, se é verdade que não podemos esperar de um homem do início do século XIX um posicionamento político coerente com a teoria ilustrada, também não é prudente anacronicamente etiquetá-lo como "liberal", "republicano", ou "separatista", sem analisar com minúcias o sentido de cada um destes termos no contexto em que foram proferidos, assim como os interesses dos indivíduos que os proferiam. Neste mesmo sentido, ao nos depararmos com a contradição é nossa obrigação ética dar-lhes visibilidade. Silenciara as falas contraditórias em nome da coerência textual é ratificar mitos, não é fazer pesquisa histórica. Ainda mais o citado capitão-mor, posto que o que sabemos é que Filgueiras tomou o poder na província e que ocupava este poder, juntamente com toda a junta de casas sertanejas que o apoiaram no levante do Icó/Crato, até que há uma mudança na Corte que impõe de cima para baixo sua saída do poder, seguido da nomeação de um "delegado do Imperador". Recusando-se a aceitar sua destituição do governo, Filgueiras e Tristão Gonsalves reagem a esta depondo o governo nomeado, o acusando de ser um "ilegítimo" em oposição ao que eles descreviam como governo de direito. Ora, apenas esta questão do que era considerado "legítimo" e "ilegítimo" no governo da província, já demandaria uma análise do próprio sentido que o termo teria tanto para a Junta Administrativa que estava no poder do Ceará, como para o governo de Pedro de Alcantara e seu delegado, bem como de análise do jogo de forças e contexto de negociações que antecedeu aquelas proclamações.

## Considerações finais

Evidentemente não é razoável que se exclua matrizes do pensamento universal de qualquer esforço interpretativo, como alguns militantes mais radicais o fazem, uma vez que tais medidas estariam mais no campo dos embates políticos, do que propriamente em se tentar de uma forma séria se aproximar do real, como é o dever de toda produção que se quer compromissada com a tarefa de desnuviar o real. Todavia, já está mais do que evidenciado que nossa forma de olharmos o passado é extremamente tendenciosa, no sentido que referenciar-se em matrizes de pensamento que foram, justamente, criadas para justificar o domínio eurocêntrico sobre o mundo. Esta linha do pensado e do pensável continua afirmando que é a Europa a locomotiva do mundo e levando uma multidão de colegas a reproduzirem tanto como professores, como historiadores. De tal forma que, como vimos, teses que na prática afirmavam que nossa história seria uma espécie de aplicação do modelo político e econômico criado na Europa, continua sendo a base de nossa historiografia. Neste sentido, é mais do que urgente a necessidade de revisarmos nossas teses e analisarmos de fato com minúcias a dimensão desta "influência", bem como os processos de hibridização cultural e de aculturamento do europeu por valores, tecnologias e formas de viver tanto dos povos nativos como das populações africanas.

Logo, este artigo assume riscos como os já citados no texto, mas é, antes de tudo, necessário, o que o dá, também, um pouco de função manifesto.

# ANEXO

## 1. VIDA MODERNA.

Acordo em uma manhã de 2022 envolto em lenções de fibra de algodão importado da China e dentro de um pijama com fibra sintética de poliéster. Minha já velha cama de madeira, sobre a qual continua a dormir minha companheira, já não é fabricada. Sua produção foi substituída por camas feitas com imprensados de pinho das florestas cultivadas no Paraná. Calço minha sandália de borracha sintética feitas por uma multinacional do Rio Grande do Sul e com filial em minha cidade (Sobral-Ce), e dirijo-me ao banheiro. Neste, sem muito esforço, aperto um interruptor e todo o espaço do banheiro clareia-se como mágica, não é preciso acender vela alguma. Ligo a torneira e a água vem por uma tubulação que percorre quilómetros obedecendo a um simples giro de manivela. Pego então o sabonete produzido por uma empresa de São Paulo, um composto de lipídios, carbonatos de sódio e óleos aromáticos que tem como função desfaçar os odores naturais dos corpos. Um produto pelo qual paguei R$ 25,00 na caixa com seis unidades. Uso apressadamente o sabonete da empresa de São Paulo para retirar o excesso de oleosidade de minhas mãos e abrandar a pele do rosto ressecados pelo ar frio e seco do ar-condicionado. Olho para o relógio no meu corredor e lembro que faltam pouco mais de uma hora para chegar ao trabalho.

Com o avanço da hora, saio também às pressas para comprar pão na padaria da esquina. Na calçada, percebo que o caminhão que recolhe o lixo da rua ainda não passou e que os cães espalharam meu lixo. Pela fisionomia, o funcionário da limpeza pública, um senhor assalariado com R$ 1400,00 por mês, e que por hora varre a rua, não parece muito contente e me olha com um olhar de raiva pelo trabalho extra que o proporcionei, pois eu havia colocado o lixo para fora na noite anterior para não correr o risco de perder o horário do carro de coleta. Prossigo para meu destino, não há tempo para me justificar com o zangado gari. No percurso é perceptivo que a quantidade de buracos na rua tem aumentado, bate o arrependimento das últimas escolhas políticas e decido que vou votar em algum outro candidato a prefeito e vereador, pois é preciso mudar de vez em quando os representantes públicos. Prossigo para a padaria e uma vez no meu destino percebo que a quantidade de clientes era razoavelmente grande, dificultando o atendimento. Pelo jeito, de fato, vou me atrasar para o trabalho. Ainda assim não tenho escolha e escolho os pães de trigo importado da Ucrânia e presuntos de uma multinacional sediada no Rio Grande do Sul, juntamente com uma manteiga de Minas Gerais. No caixa da padaria, a atendente escuta notícias pelo Youtube, um aplicativo de uma empresa com sede em Boston, nos EUA, onde um repórter da filial brasileira da CNN anuncia que mais uma vez o então presidente Jair Bolsonaro ameaça não respeitar os resultados das eleições se estas forem desfavoráveis a ele, ao passo que o narrador da notícia lembra que não é mais aceitável tal posicionamento. Pago minhas compras com um cartão de crédito Mastercard, uma empresa de pagamentos dos EUA que me cobra uma taxa mensal e juros estratosféricos por atraso nas parcelas pelo serviço de me disponibilizar créditos para pagar minhas contas do mês. Apresso o passo para não perder a hora no percurso entre as calçadas esburacadas. Já em minha cozinha misturo a água quente que havia deixado fervendo em meu fogão a gás butano vendido por uma empresa de São Paulo e extraído por uma multinacional de economia mista brasileira, com um café solúvel produzido por uma empresa alemã.

Enquanto tomo café e como meu pão de trigo ucraniano com uma fatia de presunto da multinacional do Rio Grande do Sul e a manteiga de Minas gerais, vejo minhas mensagens pelo meu aparelho de celular (pois nas últimas décadas os telefones celulares viraram uma espécie de pequeno computador de mão ao qual acesso um aplicativo de recados) enviadas para meu WhatsApp (um aplicativo desenvolvido por um empresário dos EUA e recentemente comprado por outro do mesmo país, e que me possibilita conversar com qualquer pessoa do mundo sem pagar nenhum gasto pecuniário). Alguém me enviou uma notícia de um acidente aéreo na Índia sobre o qual corro os olhos, pois não disponho de tempo para lê-la. Que me perdoem os mortos. Em outra notícia postada no grupo da família vejo que um repórter francês morreu de frio na rua sem que ninguém o percebesse, depois que este passou mal e desmaiou. Penso por um instante nas pessoas passando pelo repórter que morria de frio em uma praça francesa. De repente me recordo do trabalho: que irresponsabilidade de minha parte, onde já se viu um professor perder tempo assim pensando?

Apreço-me em ir escovar os dentes com um creme dental para dentes sensíveis desenvolvido por mais uma empresa dos EUA. Tão logo termino minha higiene bucal, pego meu material de trabalho impresso por uma grande editora de São Paulo com papel feito com celulose extraída de uma floresta de pinhos cultivada por uma empresa de Santa Catarina. Hoje tenho aula sobre o pioneirismo inglês na Revolução Industrial com os meus alunos do segundo ano do ensino médio, e sobre a Globalização com os alunos do terceiro ano. Restam-me 20 minutos, e como tenho o privilégio quase único de morar perto do trabalho, acredito que ainda dá tempo ir a pé para a escola onde leciono. Então as pressas visto meu uniforme de trabalho para ficar igual a todos os demais professores e distinguir-se dos alunos com minhas insígnias que denotam autoridade e distinção.

Preciso andar a pé porque o meu nutricionista me falou que careço de exercícios físicos e de reeducação alimentar para perder o excesso de peso que se avoluma em meu abdômen. Nestes novos tempos, para uns poucos privilegiados, a preocupação já não é conseguir comida, mas o excesso de comida, pois a indústria alimentícia conseguiu a proeza de associar comida à felicidade. Nestes novos tempos, não há nada mais satisfatório do que entupir-se de alimentos processados riquíssimos em sabores maximizados por toda uma família de lipídeos e açúcares, intensificados com químicos para ampliar sua durabilidade, evitando a propagação de microrganismos. Alimentos que são igualmente paupérrimos em vitaminas, minerais, proteínas ou qualquer coisa que possam ser consideradas naturais aos alimentos. Pelo jeito, ando comendo bem mais destas coisas do que preciso, assim como o que não preciso, de tal forma que agora preciso caminhar para não morrer empanzinado. Todavia, não disponho de tempo para frequentar academias de ginasticas, estes locais que as pessoas pagam para se exercitarem e, assim, tanto cultuarem-se como para evitarem morrer empanzinadas. Afinal de contas, para conciliar os exercícios físicos das academias com o trabalho, eu precisaria abandonar de vez a família ou as poucas horas de leituras que ainda me restam, preços que não estou disposto a pagar. Resta-me portanto, ir a pé para o trabalho e esperar que isto baste para meu nutricionista.

No percurso para a escola, acompanhado por centenas de alunos vestidos com as mesmas roupas e com os mesmos cortes de cabelo, caminhando todos bovinamente apressados para não perderem o horário, ao passo que passam por mim os ônibus transportando os estudantes dos distritos circunvizinhos, penso: estamos todos unidos no eterno atraso dos dias de hoje.

Escuto ao longe a sirene da escola anunciando que é hora de ir para a sala de aula: "a fábrica começa seu expediente", penso novamente, de forma maliciosa. De fato, estou atrasado, chegarei cinco minutos depois de meu horário, o que significa dizer que talvez precise dormir menos da próxima vez, afinal de contas, como lembra frequentemente um diretor de escola que conheço e que se diz discípulo de Paulo Freire, "é preciso ter responsabilidade com os horários", frase que me torna, inevitavelmente, um irresponsável, afinal de contas, cinco minutos não é tolerável, posto que estou sendo pago para estar na escola exatamente as 07:00 horas da manhã, não interessa se na noite anterior precisei ficar até tarde lendo livros para preparar-me para a aula de hoje. O estado não me paga para ler, mas sim para estar na escola as 07: 00 da manhã e ponto final. Um outro dia mesmo um destes capitães do mato, que fogem das salas de aulas como o diabo foge da cruz, me falou que era preciso ensinar os alunos a pensarem, interpretar e agir criticamente em seu meio. E eu pensei cá comigo, definitivamente, o construtivismo e a pedagogia crítica foram processados, e o produto técnico que sobrou dos mesmos não serve lá para muita coisa, para além de empanzinar professores e alunos.

REFERÊNCIAS BIBLIOGRÁFICAS:

ALENCASTRO, Luiz Felipe de. **O Trato dos Viventes:** formação do Brasil no Atlântico Sul. São Paulo: Companhia das Letras, 2000.

ARAÚJO, Reginaldo Alves de. **Guerras Mundiais.** Sobral: Ed. do autor: 2023.

BERTONHA, João Fábio. **Imperialismo.** São Paulo: Contexto, 2023.

BHABHA, Homi K. **O local da cultura.** Belo Horizonte: UFMG, 1998.

BROTTON. Jerry. **O Bazar do Renascimento:** da Rota da Seda a Michelangelo. São Paulo: Grau, 2009.

BURCKHARDT, Jacob Christoph. **A cultura do Renascimento da Itália:** um ensaio. São Paulo: Companhia das Letras, 2009.

BURKE, Peter. **O Renascimento Italiano.** São Paulo: Nova Alexandria, 2010.

BURKE, Peter. **O Renascimento.** 2ª ed. Lisboa: Texto e Grafia LTDA, 2014.

CERTEAU, Michel. **A Escrita da História.** 3ª ed. Rio de Janeiro: Forense, 2017.

CHAUNU, Pierre. **Conquista e exploração dos novos mundos (século XVI)**. São Paulo: Pioneira: Edusp, 1984.

COSTA, João Paulo Peixoto. Os índios vereadores, a Câmara de Messejana e a formação do Estado Nacional brasileiro no Ceará. **História,** v. 40, p. 1-29, 2021.

DARTON, Robert. **O beijo de Lamourette:** mídia, cultura e revolução. São Paulo: Companhia das Letras, 2010.

DELUMEAU, Jean. **A Civilização do Renascimento.** V. 1. Lisboa: Estampa, 1983.

DELUMEAU, Jean. **Nascimento e afirmação da Reforma.** São Paulo: Pioneira, 1986.

DUSSEL, Enrique. **1492:** o encobrimento do outro: a origem do mito da modernidade: Conferências de Frankfurt. Petrópolis: Vozes, 1993.

FANON, Frantz. **Pele negra, máscara branca.** Salvador: EDUFBA,2008.

FERRO, Marc. **História das Colonizações:** das conquistas às Independências, séculos XIII a XX. São Paulo: Companhia das Letras, 1996.

FERRO, Marc. **A colonização explicada a todos.** São Paulo: UNESP, 2017.

GODINHO, Vitorino Magalhães. **Os descobrimentos e a economia mundial.** VIII. Lisboa: Presença, 1971.

GRUZINSKI, Serge. **As quatro partes do mundo:** história de uma mundialização. São Paulo: EDUSP, 2014.

GRUZINSKI, Serge. **O Pensamento Mestiço.** São Paulo: Companhia das Letras, 2001.

GUARINELLO, Norberto Luiz. **História Antiga.** São Paulo: Contexto, 2020.

HARARI, Yurval Noah. **Sapiens:** uma breve história da humanidade. São Paulo: Companhia das Letras, 2020.

HOBSBAWM, Eric. **A era dos extremos:** O breve século XX: 1914-1991. 2ª ed. São Paulo: Companhia das Letras, 1995.

HOBSBAWM, Eric. **Nações e nacionalismos desde 1780.** 3ª ed. Rio de Janeiro: Paz e Terra, 1990.

HOBSBAWM, Eric. **A era dos impérios:** 1875-1914. 25ª ed. Rio de Janeiro: Paz e Terra, 2018.

HOBSBAWM, Eric. **A Era das revoluções, 1789-1848.** 44ª ed. Rio de Janeiro: Paz e Terra: 2020.

LE GOFF. Por uma longa Idade Média. In: **O imaginário medieval.** Lisboa: Estampa, 1994, p. 35-41,

LINARES, Frederico Navarrate. El cambio cutural en las sociedades amerindias: una nueva perspectiva. Cidade do México: Universidad Nacional Autónoma de México, 2015. Disponível em: https://historicas.unam.mx/publicaciones/publicadigital/libros/haciaotra/america.html.

LINEBAUGH, Piter; REDIKER, Marcus. **A hidra de muitas cabeças:** marinheiros, escravos, plebeus e a história oculta do Atlântico revolucionário. São Paulo: Companhia das Letras, 2008.

MACEDO, José Raivair. **História da África.** São Paulo: Contexto, 2020.

MBEMBE, Achille. **Crítica da razão negra.** São Paulo: N-1, 2018.

MBEMBE, Achille. **Necropolítica.** São Paulo: N-1, 2020.

MICELLI, Paulo. **História Moderna.** São Paulo: Contexto, 2021.

MIGNOLO, Walter. Colonialidade. O lado mais escuro da modernidade. **Revista Brasileira de Ciências Sociais.** Vol. 32, nº 94, 2017.

MORAES, Luís Edmundo. **História contemporânea:** da Revolução Francesa à Primeira Guerra Mundial. São Paulo: Contexto, 2020.

OLIVEIRA, Cecília Helena de Salles e PIMENTA, João Paulo. **Dicionário da Independência do Brasil:** história, memória e historiografia. São Paulo: Publicações BNB, 2022.

PINSKY, Jaime. **As primeiras civilizações.** 25ª ed. São Paulo: Contexto, 2020.

QUIJANO, Anibal. Colonialidade do poder e classificação social. In. SANTOS, Boaventura de Sousa e MENESES, Maria Paula. **Epistemologias do Sul.** Coimbra: Almedina, 2009, p. 73-118.

RESTALL, Matthew. **Sete Mitos da Conquista espanhola.** Rio de Janeiro: Civilização Brasileira, 2006

RIBEIRO, Darcy. **O povo brasileiro:** evolução e sentido do Brasil. São Paulo: Companhia das Letras, 1995.

SAID, Edward. **Cultura e imperialismo.** São Paulo: Companhia do Bolso, 2011.

SAID, Edward. **Orientalismo:** o oriente como invenção do Ocidente. São Paulo: Companhia das Letras, 2007.

SKINNER, Quentin. **As fundações do pensamento político moderno.** São Paulo: Companhia das Letras, 1996.

SPIVAK, Gayatri Chakravorty. **Pode o subalterno falar?** Belo Horizonte: UFMG, 2010.

SUBRAHMANYAM, Sanjay. **Impérios em Concorrência:** Histórias Conectadas nos Séculos XVI e XVII. Lisboa: Imprensa das Ciências Sociais, 2012.

WALLERSTEIN, Immanuel. **Capitalismo histórico e civilização capitalista.** Rio de Janeiro: Contraponto, 2001.

WALLERSTEIN, Immanuel. **O sistema mundo moderno:** a agricultura capitalista e as origens da economia-mundo europeia no século XVI. Vol. 1. Porto: Afrontamento, 1976.

THOMPSON, E.P. **As peculiaridades dos ingleses e outros artigos.** Campinas: UNICAMP, 2001.

THOMPSON, E. P. **Costumes em comum:** estudos sobre a cultura popular tradicional. São Paulo: Companhia das Letras, 1998.

SCHWARTZ, Stuart B. **Segredos internos:** engenhos e escravos na sociedade colonial 1550-1835. São Paulo: Companhia das Letras, 1988.

www.ingramcontent.com/pod-product-compliance
Lightning Source LLC
LaVergne TN
LVHW041515170726
843492LV00005B/1518